佛教文化经典丛书

白话地藏本愿经

全注·全译·文白对照

注译◎郭 鹏

陕西新华出版 三秦出版社

图书在版编目（CIP）数据

白话地藏本愿经 / 郭鹏 注译. —西安：三秦出版社，2021.11（2025.9 重印）

（佛教文化经典丛书）

ISBN 978-7-80628-174-1

Ⅰ．①白… Ⅱ．①郭… Ⅲ．①地藏菩萨本愿经 - 注释 ②地藏菩萨本愿经 - 译文 Ⅳ．① B942

中国版本图书馆 CIP 数据核字（2002）第 070752 号

佛教文化经典丛书
白话地藏本愿经
郭鹏　注译

出版发行	三秦出版社
社　　址	西安市雁塔区曲江新区登高路1388号
电　　话	（029）81205236
邮政编码	710061
印　　刷	三河市兴达印务有限公司
开　　本	720mm×1000mm　1/16
印　　张	12.5
字　　数	130千字
版　　次	2021年11月第2版
印　　次	2025年9月第7次印刷
标准书号	ISBN 978-7-80628-174-1
定　　价	58.00元
网　　址	http://www.sqcbs.com

总　序

佛教于公元前 6 世纪诞生在印度次大陆，西汉时期传入中国，与中国固有文化发生冲突和融合，使得中国传统文化变得更加丰富多彩，博大精深，逐渐形成了以儒家文化为主、以道家文化和佛教文化为辅的文化格局。这种格局几乎贯穿于整个中国封建时代。要真正了解中华传统文化，就必须了解中华佛教文化。随着社会历史的风云际会，文化潮流的峰回路转，在人类迈入新世纪之时，越来越多的人们开始把目光投向神秘的佛教文化。

佛教文化的载体就是各个时代传下来的汗牛充栋的佛教经典。正如儒家典籍分为经、史、子、集一样，佛教典籍也细分为经、律、论三大类，号称"佛法三藏"。"经"的地位最高，是佛陀为指导弟子修行所宣说的理论。因此，今天的人们最为关注的也就是这些"佛经"。

人们激赏、关注佛经，有着各种各样的动机。不管怎样，佛经毕竟已经不再局限于佛教内部，不再只是佛门弟子朝夕诵读的宝卷。学者们探幽发微，极力领悟通达无碍的大乘般若，解读出神入化的因明思辨，进而把握佛教文化与中国文化的脉络。普通人出于修身养性的需要，在接受了儒家和道家四书五经、道德南华的洗礼之后，自然而然地渴求从佛家的经典中汲取智慧和精神营养。如果说读书是千古风雅之事，那么读佛经更是被看做雅中之雅。正如明代学者陈继儒所言："闭门阅佛书，开门接佳客，出门寻山水，此人生三乐。"相信不少人就是抱着这种心态去读佛经的。

　　读佛经固然富有禅意，可是佛经却并非人人都能读懂，除了少数学者外，即使是终日诵习的佛门弟子，也常常受到"文字障"的困扰，更不用说一般读者了。有鉴于此，我社应读者的要求，组织国内佛教研究专家，编写了这套"佛教文化经典丛书"，选取十一部在佛教史上影响最大、在中国僧俗群众中名气最大的著名经典，详加注解破译，以便让深邃精妙的禅机法慧，化作为大众所喜闻乐见的菩提甘泉，滋溉读者的心田。这十一部经典是：《金刚经》《法华经》《圆觉经》《地藏菩萨本愿经》《六祖坛经》《楞伽经》《楞严经》《阿弥陀经》《无量寿经》《观无量寿经》《胜鬘经》。注译者抱着高度负责的态度，发扬当年译经大德的精神，潜心体悟，字斟句酌，力求使"二次传译"保持原经文的神韵，而又不失质朴和通俗晓畅。我们真诚地希望广大读者提出宝贵的意见，以便使丛书越出越好。

目　录

序 …………………………………… 001
地藏菩萨本事发微 ………………… 001

上　卷

忉利天宫神通品第一 ……………… 001
分身集会品第二 …………………… 019
观众生业缘品第三 ………………… 024
阎浮提众生业感品第四 …………… 031
地狱名号品第五 …………………… 046
如来赞叹品第六 …………………… 052

下　卷

利益存亡品第七 …………………… 064
阎罗王众赞叹品第八 ……………… 070
称佛名号品第九 …………………… 081
校量布施功德缘品第十 …………… 087
地神护法品第十一 ………………… 094

见闻利益品第十二 ·················· 098
嘱累人天品第十三 ·················· 116

跋语 ·················· 123
附　白话四十二章经 ·················· 125

序

地藏菩萨誓愿宏深，慈悲广大，于无量劫前，固已满证三德秘藏，但以度生情殷，不居佛位。悲运同体，慈起无缘，分身尘刹，度脱众生。其所度之法，与所度之人，三世诸佛，莫由尽说。而况娑婆众生，刚强难化。以故菩萨于此世界，因缘甚深，故如来于忉利天，放光集众，发明菩萨往劫因行，及发愿等事，即所谓"众生度尽，方证菩提，地狱未空，誓不成佛"。何幸娑婆有此怙恃。此经文虽浅显，理极宏深，世多不察，谓为专谈因果，以诱愚迷，其于菩萨孝心纯笃，愿力广大，三世诸佛莫能赞，九界众生咸归依之旨，均未计及，是何异弃金担麻、买椟还珠乎哉？

此经二卷十三品，唐实叉难陀所译。从前虽有法灯、法炬所译之本，自莲池大师主张实叉之本之后，法灯之本便不流通。即实叉之本，又有二卷、三卷之别，人多疑之。须知二卷系藏本，三卷系流通本。藏本上卷六品，下卷七品；流通本上卷四品，中卷五品，下卷四品。卷虽不同，经文无异，但传布既久，间有字句稍异者，固宜以藏本为主，亦不必改治流通本，以二本并行，了无所碍故也。

民国十九年（1930）庚午仲春
常惭愧僧释印光谨撰

印光（1861—1940）：近代僧人，名圣量，别号常惭愧僧，俗姓赵，名绍伊。陕西郃阳（今合阳）人。21岁时出家于陕西终南山莲花洞寺，师道纯。次年，受具足戒，专修净土宗。以后在终南山专意念佛三昧。26岁到红螺山资福寺专修净土道场，后去普陀山法西寺，在该寺藏经楼阅《大藏经》，并研习之，凡达三十年。1912年，上海狄居卿居士创《佛学丛刊》，他便以"常惭愧僧"之名时时发表学佛心得。1923年在南京与人合作创办放生念佛道场，开办佛教慈幼院。1930年2月移居苏州报国寺，完成普陀、清凉、峨眉、九华四大名山志的修辑；同年，在苏州灵岩山寺建立专修净土道场；在上海创办弘化社，流通佛教经典；著有《净土决疑论》、《宗教不宜混滥论》、《印光法师文钞》正续编；经其倡行，流通法典达四五百万册。1940年卒于苏州灵岩寺。

地藏菩萨本事发微

在佛教中,地藏菩萨同文殊、普贤、观世音菩萨,被称为四大菩萨,文殊菩萨主管众生智慧之事,普贤菩萨主持众生一切行德,观世音菩萨以救度世间众生为主,地藏菩萨主要救度地狱中所有"罪鬼",被称为"大愿地藏"。

地藏,是梵文 Ksitigarbha 的意译,读为"乞叉底蘖婆"。在密教中,其密号为"悲愿金刚"、"与愿金刚",在金刚界示现南方宝生如来之幢菩萨,在胎藏界则为地藏院中九尊之中尊地藏萨埵,是中国四大菩萨之一,专司"愿"。地,指大地;藏,即储藏、存有,就是说,这位菩萨如同大地一样,含藏着无数善根。《地藏十轮经》称他"安忍不动犹如大地,静虑深密犹如秘藏"。按佛教说法,地藏菩萨受释迦牟尼佛嘱托,在释迦牟尼佛寂灭后,未来佛弥勒降世前这一段"无佛世界"里,毅然担当起教化六道众生的重任,相当于"代理佛",地位权势极高,如同佛陀。《地藏本愿经》说:释迦佛召地藏大士,令其永为幽明教主,使世人有亲者,皆得报本荐亲,共登极乐世界。地藏受此重托之后,在佛前立下宏愿:"为是罪苦六道众生广设方便,尽令解脱,而我自身方成佛道。"即所谓:众生度尽,方证菩提;地狱不空,誓不成佛。于是,他舍弃天界,手持宝珠、锡杖,自愿进入地狱恶道，超度"罪众"灵魂。永无尽期地教化众生，不度尽六道罪苦众生，永远不成佛道，其决心之大，意志之坚毅，为诸佛、菩萨所空前未有。

关于地藏菩萨的来历，说法不一。综合印度佛教与中国佛教，对地藏来历的说法大致有以下几种：

一是释迦牟尼委托的代理佛。据说在释迦佛临寂灭前，将普度众生之责嘱托给地藏，并封其为幽冥教主，让他在下一任佛弥勒降世之前主持佛界教化之事。

二是婆罗门女。从《地藏本愿经》可知，这位"宿福深厚，众所钦敬"的古印度最高贵种姓婆罗门族的女子，"其母信邪，常轻三宝，魂神堕在无间地狱"，遂变卖家产供佛，受觉华定自在王如来指引，梦游地狱，见鬼王无毒，求为母亲解脱地狱之苦。于是该女立下宏愿，普度一切罪苦众生。释迦佛告诉文殊："婆罗门女者，地藏菩萨是。"

三是佛弟子目犍连。目犍连，简称目连，为释迦牟尼佛十大弟子之一，因其神通大，被称为"神通第一"。元代《三教搜神大全》卷七载：王舍城傅罗卜，法名目犍连，尝师事如来，救母于饿鬼群丛，作盂兰胜会，殁而为地藏王。

四是金蝉子叶守一。《历代神仙通鉴》卷十五载：太上老君对神仙们说："（西域）王君悯及幽冥，欲救众生于三恶道中，发大慈悲身投十地，托生新罗国，为叶氏子，自幼出家，圣名守一，借老佛之法门，作阴司之宝筏。"举手指着地藏说："欲知王君，只此便是。"地藏合掌躬身。老君复谓曰："君当为幽冥教主，作东土佛家首领，无庸让也。"地藏称谢，众仙方悟为金蝉子也。

五是新罗国王子金乔觉。据《宋高僧传》记载：地藏降生于新罗国王家,其父是新罗国第七代国王金理洪。金乔觉六七岁时,其父死,传王位于其叔父。金"自幼好道出家"(《九华山志》)法名地藏。24岁时,携白犬善听,航海西来,抵达江南池州府青阳县九华山,结庐苦修,趺坐东崖岩上,终日坐禅诵经,超度众生。在金乔觉60岁时,山民诸葛节等人发现他孤坐石室,吃掺有观音土的食物,大为震动,于是到处募捐,"近山之人,闻名四集",郡守张岩也施舍大量钱财,建成寺庙。张郡守表奏朝廷,为新寺赠匾"化城寺"。据说他在99岁时,七月三十一日夜召众诀别,跏趺坐化。死后肉身不坏,徒众以缸殡殓,置入塔中。今九华山"月(肉)身宝殿"即金地藏成道处。

因地藏菩萨并非历史真实人物,所以古印度佛教与中国佛教对其来历的各种说法,无所谓孰对孰错。我国僧俗大众,多以九华山为地藏菩萨示现的地方;从明代起,金地藏——金乔觉被当做地藏菩萨的化身受到崇祀,九华山亦被认为是地藏菩萨显灵说法的道场。

关于金地藏——金乔觉的生卒年,各种资料记述不一。《宋高僧传》记为生于唐贞观三年(629),永徽四年(653)24岁时到九华山;开元十六年(728)坐化;另一书《中国佛教诸神》述其生于唐武则天万岁登封元年(696),死于贞元十年(794)。《全唐诗》载:"金地藏,新罗国王子,至德初(757)航海居九华山。"并录有金地藏《送童子下山》诗一首:"空门寂寞汝思家,礼别云房下九华。爱向竹栏骑竹马,懒于金地聚金沙。添瓶涧底休招月,烹茗瓯中罢弄花。好去不须频下泪,老僧相伴有烟霞。"实叉难陀(652—710)应武则天之邀,至长安、洛阳译经19部,其中当含《地藏本愿经》在内，金乔觉因笃信地藏菩萨，人们说他是地藏菩萨转世，可见此时实叉难陀所译《地藏本愿经》已广传人间。从此推断，金乔觉生卒年当在696—794年，于至德初（757）60岁时航海来华。

在各佛寺的地藏殿中，地藏菩萨座前两旁塑有两位胁侍，一位白须老者，一位青年和尚。老者传说为九华山主闵公。闵公乐善好施，一次请地藏赴斋，提出要建寺院供养地藏，并问地藏："建寺需要多大地方？"地藏答道："只要一件袈裟所覆盖的地方就够了。"闵公慨然答应。不料地藏将袈裟一抖，将整个九华山都覆盖了。于是闵公只得将整座九华山都布施给地藏作宏法道场。闵公的儿子道明也随地藏出家为僧，父子二人便做了地藏座前的二胁侍。

《地藏本愿经》中述及供奉地藏菩萨可获得十种利益：土地丰壤、家宅永安、先亡生天、现在益寿、所求遂愿、无水火灾、虚耗辟除、杜绝恶梦、出入神护；加之地藏菩萨为幽冥教主，管辖十殿阎王，也即主宰着人死后的命运。人们往往一则想得到这十种利益，二则惧怕死后入地狱受罪。所以，对地藏菩萨的信仰、礼瞻、恭敬一直有增无减。同观音菩萨一样，地藏也是民间最受崇奉的佛菩萨之一。

地藏本愿经①

唐于阗国三藏沙门实叉难陀②译

上　卷

忉利天宫神通品③第一

【经文】

如是我闻④。一时佛⑤在忉利天为母说法。尔时，十方无量世界⑥，不可说⑦不可说一切诸佛及大菩萨摩诃萨⑧，皆来集会。赞叹释迦牟尼佛，能于五浊恶世⑨现不可思议⑩大智慧神通之力，调伏刚强众生，知苦乐法。各遣使者，问讯世尊⑪。

【注释】

①地藏：梵文 Ksitigarbha 的意译，音译为乞叉底蘗婆，佛教菩萨名，《地藏十轮经》谓其"安忍不动犹如大地，静虑深密犹如秘藏"，受释迦牟尼佛嘱咐，在释迦既灭、弥勒未生之前，自誓尽度六道众生，拯救诸苦，始愿成佛。中国佛教把地藏作为四大菩萨之一，

相传其显灵说法的道场在安徽省九华山。据宋《高僧传》等载：地藏菩萨降诞为新罗国王族，姓金名乔觉，出家后于唐玄宗时来华入九华山，居数十年圆寂，肉身不坏，以全身入塔。九华山之月（肉）身殿即为其成道处。本愿，即所发的愿力。本经是释迦牟尼佛向众生介绍地藏菩萨所发愿，也被称作《孝经》。

②于阗：唐代于阗国，在今新疆和田县一带。沙门：佛教徒。实叉难陀（652—710）：唐代于阗僧人，亦称"学喜"、"施乞叉难陀"。武则天时，应邀入长安，后至洛阳，于证圣元年（695）与其他僧人翻译本经及《华严经》、《大乘入楞伽经》、《文殊师利授记经》等二十部187卷。

③忉利天：为佛教所谓"天众"所居的"六欲天"之一，又称"三十三天"，指弥须山顶的四方，各有八天，共三十二天，中央居帝释天，余皆为守护神所居。神通：指通过修禅而得到的神力，又称"神力"、"神通力"、"通力"、"通"。

④如是我闻：佛经开卷语。传说释迦佛灭度后，弟子们结集佛说，阿难为佛侍者，听到的最多，所以推他首唱。他用这句话开头。如是，指经中的内容；我闻，阿难谓闻之于佛。

⑤一时佛：指释迦牟尼佛。

⑥十方无量世界：在各处，全世界。

⑦不可说：指很多。佛经中常连用"不可说"，即很多很多，多得无法说。

⑧菩萨："菩提萨埵"简称，指用各种佛道去成就众生，而富有无上觉悟的慈悲者，成就仅次于佛，亦称"圣士"、"大士"等。摩诃萨：非常之大。

⑨五浊恶世：指出现五种灾异祸恶的末世：一为"劫浊"，出现天灾劫难；二为"见浊"，邪恶的看法、思想开始泛滥；三为"烦恼浊"，各种恶德泛滥，令人烦恼；四为"众生浊"，众生素质下降，身心、言行日趋沦落；五为"命浊"，人的寿命缩短。

⑩ 不可思议：指不可想象。佛典中亦写"不可思"，或重复连用，均指超过人的想象。

⑪ 世尊：释迦牟尼佛的十大名号之一。谓其具足众多智慧，能利益众生，为世所尊，故名世尊。

【白话】

这是我听佛所说的。释迦牟尼佛在忉利天空为母亲讲说佛法，这时，各方许许多多的所有佛及大菩萨们，都来集会，赞叹释迦牟尼佛能够在五浊泛滥的恶世之中，用极为巨大的神通智慧力量，调伏世间那些倔强难驯的众生，使他们知道前世恶业而遭受的痛苦，从而乐于归依佛法。大家都派遣使者，向释迦佛问安。

【经文】

尔时，如来①含笑，放百千万亿大光明云，所谓大圆满光明云、大慈悲光明云、大智慧光明云、大般若②光明云、大三昧③光明云、大吉祥光明云、大福德光明云、大功德光明云、大归依④光明云、大赞叹光明云。放如是等不可说光明云已，又出种种微妙之音，所谓檀波罗蜜音⑤、尸波罗蜜音、羼提波罗蜜音、毗离耶波罗蜜音、禅波罗蜜音、般若波罗蜜音、慈悲音、喜舍音、解脱音、无漏⑥音、智慧音、大智慧音、师子吼音、大师子吼音、云雷音、大云雷音。出如是等不可说不可说音已，娑婆世界⑦及他方国土，有无量亿天龙鬼神⑧，亦集忉利天宫，所谓四天王天、忉利天、须焰摩天、兜率陀天、化乐天、他化自在天、梵众天、梵辅天、大梵天、少光天、无量光天、光音天、少净天、无量净天、遍净天、福生天、福爱天、广果天、无想天、无须天、无热天、善见天、善现天、色究竟天、摩醯首罗天，乃至非想非非想处天，一切天众、龙众、鬼神等众恶来集会。复有他方国土及娑婆世界、海神、江神、河神、树神、山神、地神、川泽神、苗稼神、昼神、夜神、天神、饮食神、草木神，如是等神皆来集会。复有他方国土及娑婆世界诸大鬼王，所谓恶目鬼王、啖血鬼王、啖精气鬼王、啖胎卵鬼王、行病鬼王、摄毒鬼王、慈心鬼王、福利鬼王、大爱敬鬼王，如是等鬼王皆来集会。

【注释】

① 如来：此处是对释迦牟尼的尊称，广义的"如来"则指一切佛。

② 般若：智慧之意。

③ 三昧：指专注、专一的心境，又译为"定"。

④ 归依：指归投依伏，信仰佛教。

⑤ 波罗蜜：到达彼岸，指从生死俗界到达解脱世俗烦恼的彼岸。此处罗列彼岸世界的各种美妙音乐。

⑥ 无漏：无烦恼。

⑦ 娑婆世界：众生所居的世界，即俗世，亦称"忍界"、"忍土"。

⑧ 无量：无数，多得无法计量。天龙鬼神：即天龙八部，为佛教护法的杂牌部众。下面所述各"天"，即天龙鬼神之名号。

【白话】

这时，如来佛满脸含笑，放出无数道各种鲜艳的光明云彩，所谓大圆满光明云、大慈悲光明云、大智慧光明云、大般若光明云、大三昧光明云、大吉祥光明云、大福德光明云、大功德光明云、大归依光明云、大赞叹光明云。放出这许许多多光明云后，又发出各种微妙的音乐，所谓檀波罗蜜音、尸波罗蜜音、羼提波罗蜜音、毗离耶波罗蜜音、禅波罗蜜音、般若波罗蜜音、慈悲音、喜舍音、解脱音、无漏音、智慧音、大智慧音、师子吼音、大师子吼音、云雷音、大云雷音。发出这许许多多种音乐后，世间及其他国中有无数的天龙鬼神，也齐集到忉利天宫，这些天神有四天王天、忉利天、须焰摩天、兜率天、化乐天、他化自在天、梵众天、梵辅天、大梵天、少光天、无量光天、光音天、少净天、无量净天、遍净天、福生天、福爱天、广果天、无想天、无烦天、无热天、善见天、善现天、色究竟天、摩醯首罗天，乃至非想非非想天，一切天众、龙众、鬼神等，都来集会。还有其他国中及世间的海神、江神、河神、树神、山神、地神、川泽神、苗稼神、昼神、夜神、天神、饮食神、草木神，这些神都来集会。还有其他国中及世间各大鬼王，所谓恶目鬼王、啖血鬼王、啖精气鬼王、啖胎卵鬼王、行病鬼王、摄毒鬼王、慈心鬼王、福利鬼王、大爱敬鬼王等，这些鬼王也都前来集会。

【经文】

尔时，释迦牟尼佛告文殊师利法王子①菩萨摩诃萨："汝观是一切诸佛、菩萨及天龙鬼神，此世界、他世界，此国土、他国土，如是今来集会，到忉利天者，汝知数否？"文殊师利白佛言："世尊，若以我神力，千劫②测度，不能得知。"佛告文殊师利："吾以佛眼观故，犹不尽数，此皆是地藏菩萨久远劫来，已度、当度、未度③，已成就、当成就、未成就④。"文殊师利白佛言："世尊，我已过去久修善根，证无碍智，闻佛所言，即当信受。小果声闻⑤，天龙八部，及未来世诸众生等，虽闻如来诚实之语，必怀疑惑，设使顶受，未免兴谤。唯愿世尊广说地藏菩萨摩诃萨，因地作何行，立何愿，而能成就不可思议事？"

【注释】

① 文殊师利：简称文殊，亦称"曼殊室利"，以智慧辩才，为大菩萨中第一，故尊号为"大智文殊"。"观音三尊"中，文殊居于中央观音主尊之左，成为左胁侍，属四大菩萨（大悲观世音、大智文殊、大行普贤、大愿地藏）之一。法王子：即菩萨。

② 千劫：很长很长时间。佛教把宇宙从构成到毁灭的整个时期，称为一劫，劫分大劫和小劫，世界经过一小劫毁灭一次，然后重新开始，这样一个周期为一劫。一劫年代之久，假说有一座长宽各四十里的城，里面堆满芥子，每三年取出一粒，取尽之时，即为一劫。

③ 度：引导世俗之人脱离苦海、超脱轮回，到达无生死烦恼的佛的境界。

④ 成就：实现了化度世人的成果，或指时间而言。

⑤ 小果声闻：即通过听佛说法而得道的罗汉。

【白话】

这时，释迦牟尼佛告诉文殊师利法王子："你看这一切诸佛、菩萨，以及一切天龙八部鬼神，这个世界，和其他世界，这个国土和其他国土，现在都来这里集会。到忉利天来的，你能知道有多少吗？"文殊师利回答说："世尊，假使用我的神通力量来算，是永远测算不出数字来的。"佛告诉文殊师利："不但你不知道，就是我用佛眼来观察，也不知道这数目有多少。这都是地藏菩萨久远劫以来，或已经度的众生，或者应该度的众生，或者还没有度的众生，就是过去、现在、未来的众生。"文殊师利对佛说:"世尊,我在过去很久劫中修了很多善根,已证得无所障碍的智慧,我听了佛所说的事,立即就能明白、相信接受。而那些只具有小果位的声闻罗汉们、天龙八部众,以及以后的世间众生,虽然听到佛这么真诚恳切的话,心里仍生疑惑,即使暂时顶戴奉持信受,但过后又生毁谤。惟一希望世尊你能广泛地说说地藏大菩萨因他修的什么善事,发的什么大愿,而能成就这种不可以心思、不可以言议的事情。"

【经文】

佛告文殊师利:"譬如三千大千世界①,所有草木丛林、稻麻竹苇、山石微尘,一物一数作一恒河,一恒河沙②,一沙一界;一界之内,一尘一劫,一劫之内,所积尘数,尽充为劫。地藏菩萨证十地果位③已来千倍多于上喻,何况地藏菩萨在声闻辟支佛④地。文殊师利,此菩萨威神誓愿,不可思议。若未来世,有善男子,善女人⑤,闻是菩萨名字,或赞叹,或瞻礼,或称名,或供养,乃至彩画刻镂,塑漆形像,是人当得百返生于三十三天⑥,永不堕恶道⑦。"

【注释】

① 三千大千世界:佛教谓以须弥山为中心,以铁围山为外围,同日月所照的四天下为一"小世界",一千"小世界"为一"小千世界",一千"小千世界"为一"中千世界",一千"中千世界"为一"大千世界"。泛指全宇宙,极言世界之广阔。

② 恒河沙:恒河在今印度国。佛教中常以恒河沙譬极多、永无穷尽、不可胜数之意。

③ 证:获得。十地果位:达到十种境地的果位的程度。佛教中

的十地是：欢喜地、离垢地、发光地、焰慧地、难胜地、现前地、远行地、不行地、菩萨地、法云地。获得这十地果位，能渐开佛眼，成一切种智。

④声闻辟支佛：指未经佛指导就独自觉悟却又不对人说法或教化的圣者，又称"缘觉"、"阿罗汉"。

⑤善男子，善女人：指归依信奉佛法的男女。

⑥三十三天：又称忉利天，见前注。

⑦恶道：又称恶趣，即生前作恶之人死后的去所，入地狱，转为饿鬼、畜生。

【白话】

佛告诉文殊师利菩萨说："譬如在三千大千世界中，地上的花草、树木、丛林、稻、麻、竹苇、山石、微尘等，每一件东西作为一个数目，每一个数目作为一条恒河，在每一条恒河中的每一粒沙，譬喻为一个世界。在每个世界中，每一粒微尘作一个劫，所有积聚的微尘数，再把它作为一个大劫，你看这数目是多少？地藏菩萨获得十地果位到现在的时间，已经超过以上所譬喻的这个数目了，更何况地藏菩萨是从阿罗汉缘觉道开始修行的呢？文殊师利，这位地藏菩萨的威力和他所发誓愿的力量，都是不可以心思、不可以言议的。假使未来世时，有善信的男子，以及善信的女人，听到地藏菩萨的名字，或者称赞，或者瞻仰礼拜，或者称念"南无大愿地藏王菩萨"的名字，或者请到王宫或家里去礼拜供养，甚至用颜色来彩画地藏菩萨的形像，或者用木头来雕塑地藏菩萨的形像，或者用金铸或者用泥塑，或用油漆来粉饰其形像。这个人死后必当能往生在三十三天上，达到百次以上，享受天乐，而永远不会堕入地狱、饿鬼、畜生这三恶道里。"

【经文】

"文殊师利,是地藏菩萨摩诃萨,于过去久远不可说不可说劫前,身为大长者子①,时世有佛号曰师子奋迅具足万行如来。时长者子见佛相好,千福庄严,因问彼佛作何愿而得此相?时师子奋迅具足万行如来告长者子:欲证此身,为须久远,度脱一切受苦众生。文殊师利,时长者子因发愿言:我今尽未来际不可计劫,为是罪苦六道众生②,广设方便③,尽令解脱④,而我自身,方成佛道。以是于彼佛前,立斯大愿,于今百千万亿那由他⑤不可说劫,尚为菩萨。

【注释】

①长者:佛教称具备十德(姓贵、位高、大富、威猛、智深、年高、行净、礼备、上叹、下归)的人。后一般指富有而有势力的人,这里说地藏菩萨在许多许多劫前,是一个大长者的儿子。

②六道众生:指在地狱、饿鬼、畜生、人、天、阿修罗(佛教护法神之一)六道中生死轮回的人与动物。

③方便:巧妙的手段、方法。

④解脱:摆脱困境或烦恼,或指不受世俗烦恼所羁绊,超脱世俗,达到涅槃。

⑤那由他:梵语音译,指无量数。

【白话】

"文殊师利,这位地藏大菩萨,在过去很久很久,久得无法说的劫数以前,他是一位很富有而有势力的大长者的儿子。在当时有一位佛,名号叫狮子奋迅具足万行如来。那时长者的儿子见到这位佛的身体面相十分好看,是千种福业所致的庄重严整形象,便问佛道:'你以前做过什么功德,发过什么大愿,而能获得这么庄严美好的身体面相?'这时狮子奋迅具足如来告诉这位长者的儿子:'你想获得这样的身体,就应当在久远的大劫中,求救脱一切受苦众生,令他们离苦得乐。'文殊师利,这时长者的儿子就发誓愿说:'我从现在直至未来无法计量之多的大劫中,为在六道中轮回受苦的众生,广设种种方便法门,让他们全部解脱出来,然后我自己本身才成佛道。'于是,他就在这个佛面前立下了这个大愿。因此,到现在已过了百千亿许许多多,多得无法计量的劫数,他还是菩萨,没有成佛。

【经文】

"又于过去不可思议阿僧祇①劫,时世有佛号曰觉华定自在王如来。彼佛寿命四百千万亿阿僧祇劫。像法②之中,有一婆罗门③女,宿福④深厚,众所钦敬,行住坐卧,诸天⑤卫护。其母信邪,常轻三宝⑥。是时圣女广设方便,劝诱其母,令生正见⑦,而此女母未全生信。不久命终,魂神堕在无间地狱⑧。

【注释】

① 阿僧祇:梵语音译,意为无数的,非常非常久远的时间。

② 像法:佛教认为,佛法在释迦牟尼之后,经历正法、像法、末法三个时期,日益衰微,直至消亡。正法时,佛法还常传播,人多开悟;像法时,广修庙宇,建造塔像,佛的形象流布于世,但佛法传播已不甚正确,参禅证果者减少,已不甚景气;末法时,佛法传播最不景气,只有"教",而无"行"、"证",濒临消亡。

③ 婆罗门:梵文 Brahmana 的音译,意译为"清净"。古印度四大种姓的第一种姓,是最尊贵的祭司,一切知识的垄断者,是"人间之神",从事修行的婆罗门称为"梵志"。

④ 宿福：因做善事而积累的福业。

⑤ 诸天：各位天神。

⑥ 三宝：指佛宝、僧宝、法宝，是佛教的代称。佛宝是释迦牟尼佛本身，僧宝是佛教僧徒及其僧团，法宝是佛教的教理教法。

⑦ 正见：佛教"八正道"之一，指符合佛教理论、行为的正确的见解、信仰。

⑧ 无间地狱：佛教"八大地狱"之一，又称阿鼻地狱，罪鬼在此不停地受到酷刑，无所间隙，故名。

【白话】

"又在过去无数劫以前，当时有一位佛，名号叫觉华定自在王如来，那佛的寿命有四百千万亿无数劫长。在觉华定自在王如来像法时，有一位婆罗门女，经过长期修行，种植了极深厚的善根，令人们钦慕恭敬，她无论行住坐卧，都有诸位天神来保护。她的母亲深信邪魔外道，而对佛法僧三宝非议轻慢。这时，那位婆罗门圣女，多方施行种种方便法门，劝令诱导她的母亲，让她生起正确的知见。而婆罗门女的母亲并不完全相信佛法。不久，其母亲便死了，而她的鬼魂堕入到无间地狱里了。

【经文】

"时婆罗门女知母在世，不信因果①，计当随业②，必生恶趣③。遂卖家宅，广求香华及诸供具，于先佛④塔寺大兴供养。见觉华定自在王如来，其形象在一寺中，塑画威容，端严毕备。时婆罗门女瞻礼尊容，倍生敬仰，私自念言：佛名大觉，具一切智，若在世时，我母死后，倘来问佛，必知处所。时婆罗门女垂泣良久，瞻恋如来。忽闻空中声曰：'泣者圣女，勿至悲哀，我今示汝母去处。'婆罗门女合掌向空而白空曰：'是何神德，宽我忧虑，我自失母以来，昼夜忆念，无处可问知母生界。'时空中有声再报女曰：'我是汝所瞻礼者过去觉华定自在王如来，见汝忆母，倍于常情众生之分，故来告示。'

【注释】

①因果：缘因与结果，即佛教因果报应理论，佛家认为，凡有善恶之作，必得善恶的果报，此称因果报应，为佛教的基本理论之一。

②随业：佛教把众生的一切身心活动（行动、言语、意识）称为业。随业，即指以其身心活动的善恶而得到应有的报应。

③恶趣：又称恶道，指生前作恶者死后将堕入地狱、饿鬼、畜生三恶道中。

④先佛：指觉华定自在王如来佛。

【白话】

"这时，这位婆罗门女知道她的母亲在世时，不相信因果报应的道理，做了恶事，预计母亲必然随她的恶业堕入地狱、饿鬼、畜生三恶道中。于是，为救拔其母，就变卖家产房屋，到处筹买香花及各种供佛的物品，在觉华定自在王如来佛塔寺中，大举供养。她看到觉华定自在王如来佛的状貌形象在一所寺院中，塑画得容貌威仪，极为端正庄严。这时，婆罗门女瞻仰礼拜了该佛的尊容后，倍生敬仰之心，私下心里说道：既然这位佛名号叫做大觉（大觉悟），一定具备一切圆满的智慧。如果这位佛还在世间，我母亲死后，我倘来问佛，佛必定知道我母亲往生到哪里去了。此时，婆罗门女很长时间泪流不止，瞻仰恋慕如来。忽然听到空中有声音说：'这位哭泣的圣女，不要太悲哀了，我现在告诉你母亲的去处。'婆罗门女双手合掌，向空中遥拜，并对空中说：'是什么大恩德神灵来安慰我的忧愁呢？我自从失去母亲以来，昼夜思念，没有地方可以问到我母亲往生之处。'这时空中有声再次回答婆罗门女说：'我就是你所瞻仰礼拜的过去佛觉华定自在王如来，我看到你怀念母亲之情倍于一般众生的分上，所以来告诉你母亲的去处。'

【经文】

"婆罗门女闻此声已，举身自扑，支节皆损，左右扶持，良久方苏，而白空曰：'愿佛慈愍，速说我母生界，我今身心将死不久。'时觉华定自在王如来告圣女曰：'汝供养毕，但早返舍，端坐思维吾之名号，即当知母所生去处。'

【白话】

"婆罗门女听完这话后，举身向前猛扑，仆地礼佛，竟将自己的肢节都跌损了，在她左右的人把她扶起来，很长时间才苏醒过来。便对着空中说：'请佛大发慈悲愍念同情我，赶快告诉我母亲往生的去处，我现在这个身体不久将要死了。'这时觉华定自在王如来告诉婆罗门圣女说：'你供养完毕之后，早点回家，专心打坐，一心思念我的名号，就会知道你母亲所往生的地方。'

【经文】

"时婆罗门女寻礼佛已，即归其舍，以忆母故，端坐念觉华定自在王如来。经一日一夜，忽见自身到一海边，其水涌沸，多诸恶兽，尽复铁身，飞走海上，东西驰逐。见诸男子女人，百千万数，出没海中，被诸恶兽争取食啖。又见夜叉，其形各异，或多手多眼，多足多头，口牙外出，利刃如剑，驱诸罪人，使近恶兽。复自搏攫，头足相就，其形万类，不敢久视。时婆罗门女以念佛力故，自然无惧。

【白话】

"当时婆罗门女赶快拜完了佛，立即回家，因为她怀念母亲的缘故，便端坐念觉华定自在王如来的名号。经过一日一夜，忽然间见自己来到一个大海岸边，那里海水汹涌滚烫，有许多种野兽，很是威猛，好像铁身一样，在海上飞来飞去，由东到西，由西到东，奔跑追逐。看见这么多的男子女人，成百成千成万，出入海中，被那些凶恶鬼兽争相吞食。又看见夜叉鬼，其形状各不相同，有的长着许多手，许多眼，很多脚，许多头，牙齿长到了嘴的外面，像刀剑一样锋利，追赶着那些罪人，使他们靠近那凶恶的猛兽；又见这些夜叉鬼自相残杀，彼此摧残，头脚相搏，他们的形状千奇万怪，令人不敢久看。这时婆罗门女因念觉华定自在王如来名号的缘故，自然没有恐惧。

【经文】

"有一鬼王，名曰无毒，稽首来迎，白圣女曰：'善哉，菩萨，何故来此？'时婆罗门女问鬼王曰：'此是何处？'无毒答曰：'此是大铁围山①西面第一重海。'圣女问曰：'我闻铁围之内，地狱在中，是事实不？'无毒答曰：'实有地狱。'圣女问曰：'我今云何得到狱所？'无毒答曰：'若非威神，即须业力，非此二事，终不能到。'圣女又问：'此水何缘，而乃涌沸？多诸罪人及以恶兽？'无毒答曰：'此是阎浮提②造恶众生新死之者，经四十九日后，无人继嗣，为作功德③，救拔苦难；生时又无善因,当据本业,所感地狱,自然先渡此海。海东十万由旬④,又有一海,其苦倍此。彼海之东,又有一海,其苦复倍。三业⑤恶因之所招感,共号业海,其处是也。'

【注释】

①铁围山:佛家又称"铁轮山",即围绕须弥山之咸海四周之山,四围之中有须弥山、四大部洲、八中洲等,形成一个小千世界。传说此山由铁组成。

②阎浮提:亦称"阎浮"、"南阎浮提",为须弥山四方的四洲之一,即位于南方的南赡部洲,上面生长许多赡部树,"阎浮"即"赡部",树名;"提"即"洲",后泛指人间世界。

③功德:指做善事和得善报,如念佛、布施、诵经、建佛塔、印佛典等。

④由旬:古印度的计里单位,长度有多种说法,一般认为相当于今二十公里左右。此处之数形容很远很远。

⑤三业:指身业(人的行动)、口业(言语)、意业(意识活动)的代称。

【白话】

"有一位鬼王,名号叫做无毒鬼王,走过来向婆罗门女叩头相迎,并对她说:'你好啊!你为什么要到这儿来呢?'这时婆罗门女问鬼王说:'这是什么地方?'无毒鬼王回答说:'这是大铁围山西面第一重海。'婆罗门女又问道:'我听说在围山内,地狱在其中,这是事实吧?'无毒鬼王答道:'确实是有地狱。'婆罗门女又问:'我现在怎么才能到得地狱中去呢?'无毒鬼王答道:'如果不是大的威神的力量,就得有业障的力量,才能到达这个地方来,如果没有这两种因缘,是永远不能到这地方来的。'

婆罗门女又问：'这里的海水是什么缘故，竟不断地滚沸呢？为什么有这么多的罪人和凶恶的猛兽呢？'无毒回答道：'这些都是人世间作恶的众生，刚死之时，经四十九天后，无人为他继承香火，建造功德，救拔他们出离苦难；他们活着的时候，又没有修一点善行的因缘，就要根据他们本身生时所作的恶业受到报应，若招感堕地狱者，就必然先到地狱中去，途中自然先要渡过这个大苦海。这个业海的东面十万由旬的地方，又有一海，它的苦处更为加倍；那个海的东面，还有一海，它的苦处，更比前两海加倍。以上这些都是由生前所作三恶之因缘所自招的感报，而堕入这些苦海中受苦，这三个海就叫业海，就是这个地方。

【经文】

"圣女又问鬼王无毒曰：'地狱何在？'无毒答曰：'三海之内，是大地狱，其数百千，各各差别。所谓大者，具有十八；次有五百，苦毒无量；次有千百，亦无量①苦。'圣女又问大鬼王曰：'我母死来未久，不知魂神当至何趣？'鬼王问圣女曰：'菩萨之母，在生习何行业？'圣女答曰：'我母邪见，讥毁三宝；设成暂信，旋又不敬。死虽日浅，未知生处。'无毒问曰：'菩萨之母，姓氏何等？'圣女答曰：'我父我母，俱婆罗门种。父号尸罗善现，母号悦帝利。'无毒合掌，启菩萨曰：'愿圣者却返本处，无至忧忆悲恋。悦帝利罪女，生天以来，经今三日，云承孝顺之子，为母设供修福，布施觉华定自在王如来塔寺，非唯菩萨之母得脱地狱，应是无间罪人②，此日悉得受乐，俱同生讫。'鬼王言毕，合掌而退。

【注释】

① 无量：无法计量，极言极多之意。
② 无间罪人：堕入无间地狱的罪人。

【白话】

"圣女又问无毒鬼王说：'地狱究竟是在什么地方呢？'无毒鬼王回答道：'在这三重业海之内，就是大地狱；其内有成百千个小地狱，每个地狱各不相同。所说的大地狱，共有十八个；其次有五百个地狱，每个地狱所受的苦都是无法计量的；再其次有千百个小地狱，受的苦也是无法计量的。'婆罗门女又问无毒大鬼王说：'我的母亲刚死不久，不知道她的魂神投到什么地方去了？'鬼王反问婆罗门女：'你的母亲在世时她曾做过什么事呢？'婆罗门女回答说：'我母亲在世时存有不正确的邪见，讥笑毁谤佛法僧三宝；即使暂时相信，不久又不相信不恭敬佛法僧。她死亡时间虽然不长，还不知道她往生到哪个去处？'无毒问道：'你母亲姓什么？'婆罗门女答道：'我父亲母亲都是婆罗门种姓，父亲名叫尸罗善现，母亲名叫悦帝利。'无毒鬼王合掌告诉婆罗门女说：'希望你立即回家去吧，不要忧愁悲哀。你母悦帝利罪女生天以来已经三天了。听说是因为她那孝顺的女儿把家产变卖了，为母亲设斋修福做功德，并布施觉华定自在王如来塔寺。因此，不但你的母亲得到解脱地狱之苦，而且本来堕入无间地狱的所有罪人，这一天都得到你的恩泽，同你母亲一起生天享乐了。'鬼王说毕，合掌而退。

【经文】

"婆罗门女寻如梦归，悟此事已，便于觉华定自在王如来塔像之前，立弘誓愿：'愿我尽未来劫①，应有罪苦众生，广设方便，使令解脱。'"

【注释】

① 未来劫：今后的若干劫的时间里。

【白话】

"婆罗门女不久便如像梦中醒来一样，她明白这件事后，便在觉华定自在王如来塔像之前，立下宏大的誓愿：'愿我穷尽未来世界的所有劫数，使所有造罪受苦的众生，我都要广设种种方便，使他们得到解脱，永离苦海。'"

【经文】

佛告文殊师利："时鬼王无毒者，当今财首菩萨是；婆罗门女者，即地藏菩萨是。"

【白话】

佛告诉文殊师利菩萨："当时那个无毒鬼王，就是现在的财首菩萨；那位婆罗门女，就是这位地藏菩萨。"

分身集会品第二①

【经文】

尔时百千万亿不可思、不可议、不可量、不可说、无量阿僧祇世界，所有地狱处，分身地藏菩萨，俱来集在忉利天宫。以如来神力故，各以方便，与诸得解脱从业道出者，亦各有千万亿那由他数，共持香花来供养佛。彼诸同来等辈，皆因地藏菩萨教化，永不退转于阿耨多罗三藐三菩提②。是诸众等，久远劫来，流浪生死，六道受苦，暂无休息。以地藏菩萨广大慈悲，深誓愿故，各获果证③。既至忉利，心怀踊跃，瞻仰如来，目不暂舍。

【注释】

① 分身：佛教认为，佛徒修得证果有成就，就得分身，这种分身即分灵度化，到每一个世界里，去教化应教化的有缘众生。

② 阿耨多罗三藐三菩提：梵语音译，指对佛教真理的无比完全的觉悟，以及无所不知的智慧，亦称"无上正觉"、"无上正等觉"。这种智慧是超人的，惟佛独有，故也作为佛的代称。

③ 果证：通过修行所达到的果位（成佛过程中所经过的各个阶段、等级）。

【白话】

这时，有百千万亿许许多多从无数世界、所有地狱里来的分身地藏菩萨，都聚集到忉利天宫里，佛用他威神力的缘故，各方都来齐了。他们带着一些从地狱业道刚得到解脱的众生，也是千万亿数不清的数目，大家都拿着香花来供养佛。那些一同前来的众生，都是受地藏菩萨的教化，永远不会从无上正觉的佛法中退转回地狱中去。这些众生，从久远劫以前到现在，都在生死苦海里颠沛流浪，受六道轮回之苦，没有一点时间休息。由于地藏菩萨以广大慈悲之心，发下宏深的誓愿极力拯救的缘故，他们一个个都获得了所证的果位。既然现在来到忉利天宫，心里高兴，激动跳跃，瞻仰如来佛，眼睛一刻也不离开佛的尊容。

【经文】

尔时世尊舒金色臂，摩百千万亿不可思、不可议、不可量、不可说，无量阿僧祇世界诸分身地藏菩萨摩诃萨顶①，而作是言："吾于五浊恶世，教化如是刚强众生②，令心调伏，舍邪归正。十有一二，尚恶习在。吾亦分身千百亿，广设方便，或有利根③，闻即信受；或有善果，勤劝成就；或有暗钝④，久化方归；或有业重，不生敬仰。如是等辈众生，各各差别，分身度脱，或现男子身，或现女人身，或现天龙身，或现神鬼身，或现山林川原、河池泉井，利及于人，悉皆度脱；或现天帝⑤身，或现梵王⑥身，或现转轮王⑦身，或现居士身，或现国王身，或现宰辅身，或现官属身，或现比丘⑧、比丘尼⑨、优婆塞⑩、优婆夷⑪身，以至声闻、罗汉、辟支佛、菩萨等身，而以化度，非但佛身独现其前。汝观吾累劫勤苦，度脱如是等难化刚强罪苦众生。其有未调伏者，随业报应；若堕恶趣，受大苦时，汝当忆念吾在忉利天宫殷勤付嘱，令娑婆世界⑫至弥勒⑬出世已来众生，悉使解脱，永离诸苦，遇佛授记⑭。"

【注释】

① 摩顶：佛向弟子表示的最高慈爱之意，为用手抚摩弟子的头顶，为佛教的礼仪之一。

② 刚强众生：指刚烈凶暴强悍的众生。

③ 利根：指有情众生中能较快接受佛道者的敏锐之力。若具有利根，能圆满地达到解脱。

④ 暗钝：指有情众生中对佛道接受较迟钝者的根性。

⑤ 天帝：佛教忉利天的帝王，亦称"天帝释"、"帝释天"，姓释迦。

⑥ 梵王：佛教大梵天之王，名尸弃。古印度神话中创世大神，号称大梵天王，为俗世娑婆世界之主。《法华经》载："娑婆世界主尸弃大梵"。常在佛陀的右边，手持白拂，与帝释相对。

⑦ 转轮王：佛教护法神名，传为护地狱之神，共四位，各持金、银、铜、铁转轮，分别称金轮王、银轮王、铜轮王、铁轮王。金轮王最大，领地狱四洲，银轮王领地狱东、西、南三洲，铜轮王领地狱东、南二洲，铁轮王领地狱南洲。

⑧ 比丘：男性僧徒，俗称和尚。

⑨ 比丘尼：女性僧徒，俗称尼姑。

⑩ 优婆塞：男性信佛在家者，俗称男居士。

⑪ 优婆夷：女性信佛在家者，俗称女居士。

⑫ 娑婆世界：亦称"忍界"、"忍土"，即俗世，众生所居的世界。

⑬ 弥勒：菩萨名，亦称"慈氏菩萨"。传说先于佛入灭，归于兜率天宫内院，经四千岁（相当于人间五十六亿七千万年）后下生人间，于华林园龙华树下成佛，弘扬佛法，被视为改天换地之佛，现尚未出现，所以又称为后生佛、未来佛，被视作释迦牟尼佛的继位者。

⑭ 授记：佛对弟子传授需传之后世的佛理。

【白话】

这时,佛伸出他那金色的手臂,遍摩所集来的无数分身地藏菩萨的头顶,并且这样说:"我在这五浊恶世中,教化这么多刚强顽固的众生,使他们的心都能调伏柔顺,舍弃邪道,走上正道,但在十个之中,有一两个还是恶习不改。我也分作千百亿个化身,用种种方法来度脱他们,其中有很聪明的,听我一讲,就能相信接受;有些做过善事的人,要经常耐心教化他们,然后才能成就;有些愚笨鲁钝的人,长期教化他们,才能使他们归依佛法;还有些罪业太重的,对佛法不敬仰。像这种种众生,各有不同的根性,我都要分身去救度他们,令他们脱离苦海。我或者现男子身,或者现女人身,或者现天龙护法神身,或者现神鬼身,或变成山、林、原、河、池、泉、井,为众人造利,从而使他们全部脱离苦海。我或者现天帝身,或现梵天王身,或现转轮王身,或现居士身,或现国王身,或现宰相大臣身,或现大官的眷属身,或现和尚身,或现尼姑身,或现男居士身,或现女居士身,甚至现声闻罗汉、辟支佛、菩萨等身,用种种形象、方式随时随地随缘度化众生,而并不只以佛身出现在众生面前。你看我无数劫以来,这样辛勤劳苦,度脱像这样难度难化的刚强顽固的罪恶苦难和众生,对于那些到现在还没有调伏度脱的,如果随其恶业而堕入地狱、饿鬼、畜生三恶道,受极大苦难时,你应当记得我在忉利天宫再三嘱咐你,令你使这人间世界,直至弥勒菩萨出世以来的众生,全部使他们得到解脱,永远脱离各种苦难,见佛闻法,遇到佛为他们授记。"

【经文】

尔时诸世界分身地藏菩萨,共复一形,涕泪哀恋,白其佛言:"我从久远劫来,蒙佛接引,使获不可思议神力,具大智慧,我所分身,遍满百千万亿恒河沙世界,每一世界,化百千万亿身,每一身度百千万亿人,令归敬三宝,永离生死,至涅槃①乐。但于佛法中所为善事,一毛一渧,一沙一尘,或毫发许。我渐度脱,使获大利。唯愿世尊,不以后世恶业众生为虑。"如是三白佛言:"唯愿世尊不以后世恶业众生为虑。"尔时佛赞地藏菩萨言:"善哉,善哉,吾助汝喜,汝能成就,久远劫来,发弘誓愿,广度将毕,即证菩提②。"

【注释】

① 涅槃:指释迦牟尼之死。亦指解脱烦恼达到不生不死,超脱六道轮回的境地,为佛教全部修习最终所要达到的最高理想。后僧人之死亦称涅槃。

② 菩提:指断绝世俗而获得解脱的智慧。

【白话】

这时,各世界的分身地藏菩萨便合成一身,聆听佛的嘱咐,不禁涕泪交流,悲哀恋念,对佛说:"我从很久劫数以来,承蒙佛的慈悲来接引我、教导我,使我得到不可思议的巨大神力,具有大智大慧。我现在所分身,遍满百千万亿恒河沙数那么多的世界,在每一个世界里,又化作百千万亿个分身,每一个分身,又去度化百千万亿个人,使他们都归依恭敬佛、法、僧三宝,永远离开生死苦恼,得到摆脱六道轮回的涅之乐。但所有的众生在佛法所做的善事,即使只有一根毛、一滴水、一粒沙、一点灰尘,甚至只有像毫发那么小的善事,我都要逐渐地救度他们,使他们脱离苦海,得到很大的利益。我只愿世尊你不要为后世的恶业众生而忧虑。"这时,佛就称赞地藏菩萨说:"非常好,非常好,我来帮助你实现这件喜事,你能够成就许许多多劫以来所发的宏大誓愿,广泛地普度众生完毕时,你也就证得菩提的果位而成佛了。"

观众生业缘品第三

【经文】

尔时佛母摩耶夫人①恭敬合掌,问地藏菩萨言:"圣者,阎浮众生,造业差别,所受报应。其事云何?"地藏答言:"千万世界,乃及国土,或有地狱,或无地狱,或有女人,或无女人,或有佛法,或无佛法,乃至声闻、辟支佛,亦复如是。非但地狱,罪报一等。"摩耶夫人重白菩萨:"且愿闻于阎浮罪报,所感恶趣。"地藏答言:"圣母,唯愿所受,我粗说之。"佛母白言:"愿圣者说。"

【注释】

①摩耶夫人:释迦牟尼佛之母,古印度净饭王妃,或译作摩诃摩耶夫人。传说佛生前居兜率天,从空中乘六牙白象降神于睡眠中的摩耶夫人右胁而入胎。临降生前,按当时习俗,应回娘家分娩,途中经过论民国(多译作蓝毗尼)见一棵大树,名为无忧花树,花色香鲜,摩耶夫人便右手欲攀牵树枝摘花,释迦牟尼便由右胁生出。

【白话】

这时,释迦牟尼佛的母亲摩耶夫人身心恭敬地合起掌来向地藏菩萨说:"圣者,在俗世间的众生,他们所造的罪业各不相同,因而他们所受的报应又是怎么样的呢?"地藏菩萨回答说:"在千万世界乃至无数的国土中,有的有地狱,有的没有地狱,有的地方有女人，有的地方没有女人，有的地方有佛法，有的地方没有佛法，甚至声闻、辟支佛也是如此，有的地方有，有的地方没有，所以说，地狱的罪报也并不是统统一律相同的。"摩耶夫人再次对地藏菩萨说："我愿听一听世间犯罪众生所招致的恶报是怎么样的。"地藏菩萨回答说："圣母，我十分愿你听信我所说的话，我大概地给你讲一讲。"释迦牟尼佛的母亲说："但愿圣者你给我说一说。"

【经文】

尔时，地藏菩萨白圣母言："南阎浮提罪报名号如是：若有众生，不孝父母，或至杀害，当堕无间地狱，千万亿劫，求出无期；若有众生，出佛身血，毁谤三宝，不敬尊经，亦当堕无间地狱，千万亿劫，求出无期；若有众生，侵损常住①，玷污僧尼，或伽蓝②内恣行淫欲，或杀或害，如是等辈，当堕无间地狱，千万亿劫，求出无期；若有众生，伪作沙门③，心非沙门，破用常住，欺诳白衣④，违背戒律，种种造恶，如是等辈，当堕无间地狱，千万亿劫，求出无期；若有众生，偷窃常住，财物谷米，饮食衣服，乃至一物不与取者，当堕无间地狱，千万亿劫，求出无期。"地藏白言："圣母，若有众生作如是罪，当堕五无间地狱，求暂停苦，一念不得。"

【注释】

① 常住：经常存在，无生灭变迁，永恒常在。此处是指寺院。
② 伽蓝：寺院。
③ 沙门：亦称"桑门"、"沙门那"，意为息心修道，指佛教僧侣。

④ 白衣：因佛僧徒多服缁衣，色似黑，故以白衣代指俗人。

【白话】

这时地藏菩萨对释迦牟尼佛的母亲说："在南阎浮提世界受罪报的名号是这样的：假如有众生，不孝顺父母，甚至杀害他们，当会堕入到无间地狱中去。经过千万亿劫的时间，想要出离这无间地狱，是永远没有希望的；假如有众生伤害佛身，使佛身受伤出血，或者诋毁讥谤佛、法、僧三宝，不尊敬佛经，也当会堕入无间地狱，经过千万亿劫的时间，想要出离这无间地狱，是永远办不到的；假如有众生侵占损害寺院，污辱佛家和尚、尼姑，或者在寺院内任意淫欲，或者杀生害命，像这样的人，也应当堕入无间地狱，在千万亿劫的时间里，想要出离无间地狱，是遥遥无期的；假如有众生假冒佛家僧徒，而内心并不真正是佛僧，破坏糟踏寺院的东西，欺骗世人，违背佛教戒律，做出许多恶事，像这样的人，应当堕入无间地狱，千万亿劫的时间内，想要出离无间地狱，也是没有希望的；假如有众生偷窃寺院的财物、粮食、饮食、衣服，甚至一件物品不给而自取者，当堕入无间地狱，在千万亿劫的时间里，想要出离无间地狱，是不可能的。"地藏菩萨说："圣母，如果有众生犯了这些罪恶，就会堕入五种无间地狱，要求暂停一念极短时间的苦痛，也是办不到的。"

【经文】

摩耶夫人重白地藏菩萨言："云何名为无间地狱？"地藏白言："圣母，诸有地狱，在大铁围山之内，其大地狱有一十八所，次有五百，名号各别；次有千百，名字亦别。无间地狱者，其狱城周匝八万余里，其城纯铁，高一万里，城上火聚，少有空缺。其狱城中，诸狱相连，名号各别。独有一狱，名曰无间,其狱周匝万八千里,狱墙高一千里,悉是铁为,上火彻下,下火彻上,铁蛇铁狗,吐火驰逐。狱墙之上,东西而走。狱中有床,遍满万里,一人受罪,自见其身,遍卧满床;千万人受罪,亦各自见,身满床上。众业所感,获报如是。

【白话】

佛母摩耶夫人再次对地藏菩萨说:"什么叫无间地狱?"地藏菩萨说:"圣母,所有的地狱,都在大铁围山之内,其中大的地狱有一十八所,其次有五百所,名称各不相同;再其次有成百上千个小地狱,名号也各不相同。所谓无间地狱,这所地狱城周围有八万多里,它的城墙是纯铁铸成的,高有一万里,城的上面是烈火聚烧,没有一点空隙。那所狱城里面,每所地狱互相连通一起,名号各不相同,只有一座地狱,名叫无间地狱。这座无间地狱周长一万八千里,狱墙高一千里,全部是铁铸成的,狱墙上面的火直燃到狱墙下,墙下的火又燃到墙上来,把整座地狱都烧透了。还有铁蛇铁狗,它们口吐大火在狱墙上到处奔跑追逐,东西到处乱跑。地狱中有一张大床,有一万里那么大。假若一个人受罪,就会看到自己的身体变成万里之大,睡满在床;如果千万个人受罪,也各自见到自己的身体睡满在床上,在床上受罪苦,这就是众生所造的罪业招致的报应。

【经文】

"又诸罪人,备受众苦,千百夜叉①及以恶鬼,口牙如剑,眼如电光,手复铜爪,拖拽罪人。复有夜叉,执大铁戟,中罪人身,或中口鼻,或中腹背,抛空翻接,或置床上;复有铁鹰,啖罪人目;复有铁蛇,缴罪人颈,百肢节内,悉下长钉。拔舌耕犁,抽肠剉斩,洋铜灌口,热铁缠身。万死千生,业感如是。动经亿劫，求出无期。此界坏时，寄生他界；他界次坏，转寄他方；他方坏时，展转相寄。此界成后，还复而来。无间罪报，其事如是。

【注释】

①夜叉：为天龙八部之一，亦称"药叉"、"阅叉"、"夜乞叉"、"释夜叉"等。传说他们行动轻疾、勇健，能腾空、土遁，以供诸神驱使，充当走卒。夜叉有十六位大将，每位大将统率七千小夜叉。

【白话】

"还有许多罪人，也要受各种苦毒。有千百个夜叉以及恶鬼，它们口里的牙齿像剑那么锋利，眼睛像闪电那么明亮，手像铜爪一般锐利，不停地拖拽罪人。又有一种夜叉手持大铁戟，刺中罪人的身体，或刺入罪人口鼻，或刺入罪人的腹背，把人抛到空中，又用戟接住再刺；或者把罪人放在铁床上，还有铁鹰把罪人的眼珠啄瞎，又有铁蛇把罪人的头缠住；在罪人身体四肢的成百千关节内，全都钉入铁钉，把舌头拔出来，用铁铧在上面耕犁；把罪人的肠子抽出来用锉刀锉断，把熔化的铜汁从罪人的口里灌下，把铁烧红缠裹罪人的身体。万死千生，苦痛不已，这都是他们所作的恶业所感招的这样的果报，动辄要经受上亿劫的无数量时间，想要出离地狱是没有希望的。这个世界坏了时，又要转到另一个世界里去继续受苦。另一个世界又坏了时，又转寄别的地方受苦，像寄信一样，互相转寄。这个世界形成后，又复返回来受苦。无间地狱罪人的报应，就是这个样子的。

【经文】

"又五事业感，故称无间。何等为五？一者，日夜受罪，以至劫数，无时间绝，故称无间；二者，一人亦满，多人亦满，故称无间；三者，罪器叉棒，鹰蛇狼犬，碓磨锯凿，剉斫镬汤，铁网铁绳，铁驴铁马，生革络首，热铁浇身。饥吞铁丸，渴饮铁汁，从年竟劫，数那由他苦楚相连，更无间断，故称无间；四者，不问男子女人、羌胡夷狄①，老幼贵贱，或龙或神，或天或鬼，罪行业感，悉同受之，故称无间；五者，若堕此狱，从初入时，至百千劫，一日一夜，万死万生，求一念间，暂住不得。除非业尽，方得受生。以此连绵，故称无间。"地藏菩萨白圣母言："无间地狱，粗说如是，若广说地狱罪器等名，及诸苦事，一劫之中，求说不尽。"摩耶夫人闻已，愁忧合掌，顶礼而退。

【注释】

① 羌胡夷狄：古时中国西部的种族叫羌，北方的种族叫胡，东方少数民族称夷，北部少数民族称狄。此处代指东南西北各处的人。

【白话】

"又因为作恶业招致五重苦罪，所以称无间。是哪五种呢？第一，白天夜晚都在受苦罪，以至于在许多劫中，没有一时的间断，所以称无间地狱；第二，一个人受罪报，许多人都跟着受罪，所以称作无间地狱；第三，惩罚罪人的器具多种多样，有刺人的叉，打人的棒，吃人的鹰、蛇、狼、犬，还有碓、臼、磨子、锯子、凿子、锉刀、斧子、铁锅、沸汤、铁网、铁绳、铁驴、铁马，用坚硬生牛皮捆绑罪人的头，用熔化的铁水浇灌罪人的身体，罪人饥饿迫令吞吃铁丸，口中干渴令其饮下铁水，从始至终，历经无数的劫期，苦楚一个接着一个，从没有一刻间断，所以称作无间地狱；第四，不管是男人还是女人，是羌人还是胡人，是夷人还是狄人，不分老幼贵贱的人，也不管是龙是神，是天神或是鬼怪，只要招致罪恶业报，都一样受地狱之苦，所以称作无间地狱；第五，如果堕入这个地狱中，从开始堕入时，直到百千劫中，每一日一夜中，都要经受上万次死生的苦痛，要想求得很短的一念之间的停止苦痛，是根本得不到的，除非他的业报结束了，才能得到投生，再次做人，如此连绵不断，所以称作无间地狱。"地藏菩萨对圣母摩耶夫人说："无间地狱，大略地说来就是这个样子，如果详细说地狱中用来惩罚的器具名目，以及各种受苦的情况，即使用一劫那么长的时间，要说也是说不完的。"摩耶夫人听完之后，十分忧愁地合掌、叩头顶礼而退。

阎浮提众生业感品第四

【经文】

尔时地藏菩萨摩诃萨白佛言:"世尊,我承佛如来威力故,遍百千万亿世界,分是身形,救拔一切业报众生,若非如来大慈力故,即不能作如是变化。我今又蒙佛付嘱,至阿逸多①成佛已来,六道众生,遣令度脱,唯然世尊,愿不有虑。"尔时佛告地藏菩萨:"一切众生未解脱者,性识无定,恶习结业,善习结果,为善为恶,逐境而生。转轮五道②,而无休息。动经尘劫,迷惑障难。如鱼游网,将是长流,脱入暂出,又复遭网。以是等辈,吾当忧念。汝既毕是往愿,累劫重誓,广度罪辈,吾复何虑。"

【注释】

① 阿逸多:即弥勒,见前注。
② 五道:即天、人、地狱、饿鬼、畜生,小乘佛教认为众生轮回的五种趋向。

【白话】

这时,地藏大菩萨对释迦牟尼佛说:"世尊,我承蒙佛如来巨大神威力量的缘故,走遍百千万亿个世界,分化我这个身形,救拔世间一切受罪报众生的苦难。如果不是因为如来的大慈大悲的巨大力量的缘故，我就不能具有这样变化的神力。我现在又承蒙佛的嘱咐，一直等到阿逸多（弥勒）成了佛以来，在天、人、阿修罗、地狱、饿鬼、畜生这六道中生死轮回的众生，令我都予以度脱，使他们脱离苦难。我唯命是听，照佛的嘱托去办。但愿世尊你不要挂虑此事。"这时，佛告诉地藏菩萨："一切还没有得到解脱的众生，他们的性情和思想是不稳定的，无论从恶习结成的业障，还是从善习结成的善果，无论为善为恶，都是随境遇而造成的。他们在五道之中轮回，永不停歇，即使经过微尘那么多的劫数，还要受迷惑苦难的业障。这就如同鱼游入网内，误认为这是长流的水道，刚刚摆脱了鱼网，或者暂时逃了出来，又再次被网束缚住了。像这样的众生，很难教化，我本来是非常忧虑挂念的，但你既然决心最终实现你往日的愿望，你累劫所发的重誓，要广度受罪的众生，我还有什么忧愁的呢？"

【经文】

说是语时，会中有一菩萨摩诃萨，名定自在王，白佛言："世尊，地藏菩萨累劫以来，各发何愿，今蒙世尊殷勤赞叹，唯愿世尊略而说之。"尔时，世尊告定自在王菩萨："谛听谛听，善思念之，吾当为汝分别解说：乃往过去无量阿僧祇那由他不可说劫，尔时有佛，号一切智成就如来①、应供②、正遍知③、明行足④、善逝⑤、世间解⑥、无上士⑦、调御丈夫⑧、天人师⑨、佛世尊⑩，其佛寿命六万劫。未出家时，为小国王，与一邻国王为友，同行十善⑪，饶益众生。其邻国内所有人民，多造众恶。二王议计，广设方便。一王发愿：早成佛道，当度是辈，令使无余。一王发愿：若不先度罪苦，令是安乐，得至菩提，我终未愿成佛。"佛告定自在王菩萨："一王发愿，早成佛道者，即一切智成就如来是；一王发愿永度罪苦众生未愿成佛者，即地藏菩萨是。

【注释】

①一切智成就如来：释迦牟尼佛的十大名号之一，简称如来。即他已具备了世间的一切智慧；如来：音译为多陀阿伽佗、怛佗蘗多、怛萨阿竭，意译为如来，也可译为如去。所谓如来，是"如实而来的人"或"由真如而来的人"的意思。从真理世界而来，悟到真理，所过的是如实教化生活，是如实去修行的人，也就是完全依循真理而来，依循真理而去，与真理完全冥合的人。

②应供：释迦牟尼佛的十大名号之一，意指功德无量，应该受到众生的供养，也有资格来接受众生的供养。

③正遍知：音译为三藐三佛陀，意译又作"正等觉者"，即完全正确的觉悟者。也为释迦牟尼佛的十大名号之一。

④明行足：释迦牟尼佛的十大名号之一，意指具备足够的一切的明（智慧）与行（体验）的人。佛的理论智慧及其体验非常卓越而圆满，故称明行足。

⑤善逝：释迦牟尼佛的十大名号之一，音译为修伽陀，意译为好去，即如实圆满地去到超脱生死的彼岸，不再沉沦于生死苦海的人。

⑥世间解：释迦牟尼佛的十大名号之一，意为能彻底理解、了解世间一切事情的人。

⑦无上士：释迦牟尼佛的十大名号之一，意为至高无上的人。佛是一切有情众生中境界最高的人，在各个方面没有人能够与佛相比，故称之为无上士。

⑧调御丈夫：释迦牟尼佛的十大名号之一，意为能够调教驾驭引导一切众生，使他们信仰佛法，修成正果。

⑨ 天人师：释迦牟尼佛的十大名号之一。意为佛是诸天神和众生的导师。

⑩ 佛世尊：释迦牟尼佛的十大名号之一（有的亦将此作为"佛"、"世尊"两个名号），世尊是具有一切美好的德性，受到世间的尊敬，而释迦牟尼佛则是佛中最受尊敬者，故称佛世尊。

⑪ 十善：亦称"十善业"，指与"十恶"相反的十种佛家善行：不杀生、不偷盗、不邪淫、不妄语、不两舌、不恶口、不杂秽语、不贪欲、不嗔恚、不邪见。

【白话】

佛在说这番话的时候，集会中有一位大菩萨，名号叫定自在王，他对佛说："世尊，地藏菩萨累劫以来，都发出过什么大愿，现在受到世尊在法会上多次赞扬称叹呢？愿请世尊给我们大概地说一说。"这时佛告诉定自在王如来："你们认真听着，认真听着，而且要好好地想一想，我现在就为你们分别讲说。在以往过去许许多多，多得不可说的劫数以前，那时有一位佛，佛号叫一切智成就如来、应供、正遍知、明行足、善逝、世间解、无上士、调御丈夫、天人师、佛世尊，这个佛的寿命有六万劫。他在未出家时，是一个小国王，曾与邻国的国王是好朋友，他们共同奉行十种善事，对芸芸众生做了许许多多有利益的事。那邻国之内所有的人民中有许多人造作各种恶事。于是，两个国王商议，怎样才能用各种办法使他们改邪归正呢？一个国王发愿说：我愿早日成佛之后，便一定来度脱这些恶人，使他们一个也不剩下。另一个国王发愿说：如果我不先度完了这些造作罪业受苦的众生，使他们得到安乐，直到他们成佛得道，我就终生不愿成佛。"佛告诉定自在王菩萨说："那个发愿早成佛道的国王，就是一切智成就如来，那个发愿永远普度受罪苦众生，不愿早成佛的国王，就是地藏菩萨。

【经文】

"复于过去无量阿僧祇劫,有佛出世,名清净莲华目如来,其佛寿命四十劫。像法之中①有一罗汉,福度众生。因次教化,遇一女人,字曰光目,设食供养。罗汉问之,欲愿何等?光目答道:我以母亡之日,资福救拔,未知我母生处何趣?罗汉悯之,为入定②观,见光目女母堕在恶趣,受极大苦。罗汉问光目言:'汝母在生,作何行业,今在恶趣,受极大苦?'光目答道:'我母所习,唯好食啖鱼鳖之属,所食鱼鳖,多食其子,或炒或煮,恣情食啖,计其命数,千万复倍。尊者慈悯,如何哀救?'罗汉悯之,为作方便,劝光目言:'汝可志诚念清净莲华目如来,兼塑画形像,存亡获报。'光目闻已,即舍所爱,寻画佛像而供养之。复恭敬心,悲泣瞻礼。

【注释】

① 像法之中:指佛教日益衰落的三个时期中的第二阶段,又作"像法时"。在这一时期,佛法的传播已渐渐不甚圆满正确,只是广塑佛像,佛像甚为普遍,故称像法。见前"像法"注。

② 入定:即进入专注、专一的禅定精神状态。

【白话】

"又在过去无量无数多的大劫中,那时有一位佛出世,名号叫清净莲花目如来,他的寿命有四十劫那么长。这位佛在他的正法时代之后的像法时代,有一位证得圣果的罗汉,他为众生建造福业,从而教化众生。有一次,他遇到一个女人,名字叫光目,她准备饭食供养这位罗汉。罗汉问她:'你有什么要求?'光目回答说:'我是在母亲亡故的日子里,为她出资修福,想借佛的福报来救拔我母亲,不知我母亲超生到什么地方去了!'罗汉很同情她,便为她静坐入定观察,看见光目的母亲堕入了恶道之中,经受着极大的苦难。罗汉问光目说:'你母亲活着的时候,都做了些什么事,以致现在堕入恶道中遭受极大的苦难?'光目回答道:'我母亲的习性,最喜欢吃鱼鳖之类,而且所吃的鱼鳖,多数是鱼鳖之子,有时炒着吃,有时煮着吃,任意杀害烹食,计算她所杀害的生命的数目,达到千万倍。请尊者你慈悲可怜我,想办法救救我母亲。'罗汉怜悯她,便替她想方设法,劝光目说:'你可以最虔诚之心,专念清净莲花目如来的名字,再塑画这位如来的形像,这样,无论是生存的子女,还是你死去的母亲,都能得到好的福报。'光目听了这话后,便弃舍她所喜爱的一切东西,寻找人来塑画佛像而虔诚地供养佛,又以最恭敬的心愿,悲泣哀恋地瞻仰礼拜佛像。

【经文】

"忽于夜后,梦见佛身金色晃耀,如须弥山,放大光明,而告光目:汝母不久当生汝家,才觉饥寒,即当言说。其后家内婢生一子,未满三日,而乃言说,稽首悲泣,告于光目:生死业缘,果报自受,吾是汝母,久处暗冥,自别汝来,累堕大地狱。蒙汝福力,方得受生,为下贱人;又复短命,寿年十三,更落恶道。汝有何计,令吾脱免?光目闻说,知母无疑,哽咽悲啼,而白婢子,既是我母,合知本罪,作何行业,而堕于恶道?婢子答言,以杀害、毁骂二业受报,若非蒙福,救拔吾难,以是业故,未合解脱。光目问言:地狱罪报,其事云何?婢子答言:罪苦之事,不忍称说,百千岁中,卒白难竟。

【白话】

"忽然在一天午夜以后,光目女梦见佛的身体发出金色耀眼的光芒,佛身高大像须弥山一样,放出极为夺目的光明,并且对光目女说:'你的母亲再过不久,就会投身到你的家中来,婴儿刚才知道饥饿寒冷,就会说话了。'在这以后,她家中的婢女果然生下一个孩子,还未满三天,就会说话了。那孩子作揖叩头,悲伤泣哭,告诉光目女:'由于生前造作的恶业的缘故,我所获得的果报真是自作自受。我就是你已死的母亲,自死以后,长期住在幽暗的冥冥世界中,自从离别你以来,每次都堕入到大地狱里受苦;承蒙你修福的功德力量,才使我投身到这里来,当一个下贱的人;然而,我又应当短命,只有十三岁的年寿,然后,又会堕落入恶道里去受苦。你有什么办法,能使我解脱免受苦难呢?'光目女听了这番话后,知道这婢子所生的婴儿就是自己转生的母亲无疑,于是感伤痛哭悲伤,便对婢女的孩子说:'你既然是我母亲,就应该知道自己本身所做的什么罪业,因而使你堕入恶道之中。'婢女之子回答道:'我是因为杀生害命和毁谤咒骂佛法这两种罪业才受到这种恶报的;如果不是承蒙你替我修福作功德,来救拔我出苦海,我这罪业深重的苦报,怎能有解脱之日呢?'光目问道:'地狱中的罪报,情况是怎么样的呢?'婢女之子答道:'地狱中各种罪报受苦的情形,我真是不忍再说了,即使千百年的时间也难以说完啊!'

【经文】

"光目闻已,啼泪号泣,而白空界:愿我之母永脱地狱,毕十三岁,更无重罪,及历恶道。十方诸佛①,慈哀悯我,听我为母所发广大誓愿,若得我母永离三途②及斯下贱,乃至女人之身,永劫不受者,愿我自今日后,对清净莲华目如来像前,却后百千万亿劫中,应有世界所有地狱,及三恶道诸罪苦众生,誓愿救拔,令离地狱恶趣,畜生、饿鬼等,如是罪报等人,尽成佛竟,我然后方成正觉③。发誓愿已,具闻清净莲华目如来而告之曰:'光目,汝大慈悯,善能为母发如是大愿,吾观汝母十三岁毕,舍此报已,生为梵志④,寿年百岁。过是报后,当生无忧国土⑤,寿命不可计劫,后成佛果,广度人天,数如恒河沙。'"

【注释】

① 十方诸佛:十方指东、南、西、北、东南、西南、东北、西北、上、下,泛指一切方向,全世界的所有佛。

② 三途:亦作"三恶趣"、"三恶道",一为火途,即地狱恶道中将罪人用猛火烤烧之处;二为血途,即畜生恶道中对罪人互相吞食之处;三为刀途,即饿鬼恶道中对罪人用刀棒剑逼迫相杀之处。

③ 正觉:能感悟一切佛法的真正正确的智慧,只有成佛才能达到这一境界,故称成佛为成正觉。

④ 梵志:除佛教以外的其他教徒,或专指古印度婆罗门种族、婆罗门教。

⑤ 无忧国土:佛教指没有忧虑苦恼的极乐世界,是修佛所期望到达的最理想处所。

【白话】

"光目女听了母亲说的这些话后,不禁号啕大哭,向着天空说:愿我的母亲永远能脱离地狱的恶报,活到十三岁以后,不再有其他重大的罪业,堕入到地狱恶道里去,请各方的诸位佛慈悲可怜我,听我为母亲发下宏大的誓愿:假如我的母亲能永远脱离地狱、饿鬼、畜生三恶道的苦难,也不要超生在这下贱的人家,甚至不再超生为女人身，我愿在从今之后，对清净莲花目如来像前发誓，愿把以后百千万亿劫数中，在所有的世界里，所有地狱及三恶道里受苦受罪的众生，都救济超度，使他们永远脱离地狱、畜生、饿鬼这三恶道，使这些受苦受罪的人都修成佛后，我最后才成佛。光目女发完这个大愿以后，清楚地听到清净莲花目如来告诉她说：'光目，你真是大慈大悲，能为你母亲发这么大的誓愿，我看你的母亲活到十三岁后，就舍此报身，便转生为婆罗门梵志，有百年寿命；受完这果报后，就当超生到无忧无虑的极乐世界里去，那寿命之长，是无法计量的；此后她就成佛，再广度人间天上的众生，被她度脱的众生像恒河里的沙子一样多。'"

【经文】

佛告定自在王："尔时罗汉，福度光目者，即无尽意菩萨是；光目母者，即解脱菩萨是，光目女者，即地藏菩萨是。过去久远劫中，如是慈悯，发恒河沙愿，广度众生，未来世中，若有男子女人不行善者，行恶者，乃至不信因果①者，邪淫妄语②者，两舌恶口③者，毁谤大乘④者，如是诸业众生，必堕恶趣，若遇善知识⑤，劝令一弹指间⑥，归依地藏菩萨，是诸众生即得解脱三恶道报。若能志心⑦归敬，及瞻礼赞叹，香华衣服，种种珍宝，或复饮食，如是奉事者，未来百千亿劫中，常在诸天，受胜妙乐⑧；若天福⑨尽，下生人间，犹百千劫，常为帝王，能忆宿命，因果本末。定自在王，如地藏菩萨，有如此不可思议大威神力，广利众生，汝等诸菩萨当记是经，广宣流布。"定自在王白佛言："世尊，愿不有虑，我等千万亿菩萨摩诃萨，必能乘佛威神，广演是经，于阎浮提利益众生。"定自在王菩萨白世尊已，合掌恭敬，作礼而退。

【注释】

① 因果：即缘因与结果，佛教认为凡有善恶之作，必能得到或善或恶的果报，就是因果报应。是佛教基本理论之一。

② 妄语：佛教"五戒"、"十恶"之一，即说谎。

③ 两舌、恶口：均为佛教"五戒"、"十恶"内容。两舌，即向两方都讨好，离间双方，唆弄是非；恶口，即骂人，说脏话。

④ 大乘：佛教流派，即大乘佛教，为佛教两大流派之一。该派重视利他，即利益众生，解脱大众的行为，有着类似人类大同的思想，强调"庄严国土，利乐有情"，无休止地利他，便是涅槃。同时，又特别强调发菩萨的大慈悲心，认为任何人都与一切众生有同体关系，犹如海水之于众生，故鼓励服务众生，利益众生。

⑤ 善知识：善于教化别人，使人萌发善心，进入佛道的高僧。

⑥ 一弹指间：形容很短的时间。

⑦ 志心：一心一意、专心。

⑧ 胜妙乐：极为美妙的快乐境地。

⑨ 天福：在天上的福分。

【白话】

佛告诉定自在王说："那时福度光目女的罗汉，就是无尽意菩萨；光目女的母亲，就是现在的解脱菩萨；光目女，就是这位地藏菩萨。他在过去很久的劫中，都是这般的慈悲，发出如恒河沙一样多的大誓愿，普度众生。在以后的世界中，假若有男人女人，不行善事的人，行恶的人，乃至不相信因果报应的人，或犯邪淫、说谎、唆弄是非、骂人，或毁谤大乘佛教经典的人，像犯这样各种罪业的众生，必然堕入恶道中受苦。如果他能遇到善于引导人向善的大德高僧，即使劝令他在一弹指间那么短的时间里归依地藏菩萨，像这样的众生，就能得到解脱地狱等三恶道的果报了。如果他能诚心诚意归依、礼敬、瞻礼、赞叹地藏菩萨，并用香花、衣服及各种珍宝，或用饮食等来供养地藏菩萨，这种人就能在以后百千万亿劫中，经常在天上享受到极大的快乐；如果他在天上享福尽了，下生人间，还能在百千万亿劫中经常成为帝王，并且能清楚地记忆他以前在世时的因果轮回从前至后的经过。定自在王啊，像地藏菩萨有这么大得不可思议的威神力量，广泛地利益一切众生，你们这各位菩萨，应当牢记这部《地藏经》，广泛地弘扬宣传流通这部经典。"定自在王对佛说："世尊，请你不要挂念这件事，我们千万亿大菩萨，一定能仰承佛的威神力量，广泛地演说这部《地藏经》，在人世间为一切众生造设利益。"定自在王对佛说完后，恭敬地合掌作礼告退了。

【经文】

尔时，四方天王①俱从座起，合掌恭敬白佛言："世尊，地藏菩萨于久远劫来，发如是大愿，云何至今犹度未绝，更发广大誓言，唯愿世尊为我等说。"佛告四大天王："善哉，善哉，吾今为汝及未来现在天人众等，广利益故，说地藏菩萨于娑婆世界阎浮提内，生死道中，慈哀救拔度脱一切罪苦众生，方便之事。"四大天王言："唯然，世尊，愿乐欲闻。"

【注释】

① 四方天王：又称"四大天王"、"四天王"、"四大金刚"，即东方持国天王，名毗提诃，管辖东胜神洲；南方增长天王，名毗琉璃，管辖南赡部洲；西方广目天王，名毗琉博叉，管辖西牛贺洲；北方多闻天王，名毗沙门，管辖北俱罗洲。各率二十八部，镇守一方。中国佛教的四天王是：东方持国天王，手持琵琶；南方增长天王，手持利剑；西方广目天王，手持长蛇；北方多闻天王，手持雨伞。

【白话】

这时，东南西北四方的四大天王一齐从座位上站起来，恭敬地合掌对佛说："世尊，地藏菩萨从久远劫以来，就发这么大的誓愿，为什么至今还没有把众生度完，他又要发更大的誓愿呢？请世尊你为我们说一说。"佛对四大天王说："很好，很好！我现在就为你们以及现在、未来的天上和人间的一切众生获得广大利益的缘故，来讲说地藏菩萨在人间俗世生生死死道途中，用慈悲哀怜之心，救度解脱一切造罪受苦众生，以及他所用的各种方法。"四大天王说："是的，世尊，我们极愿意、喜欢听你说。"

【经文】

佛告四大天王："地藏菩萨久远劫来，迄至于今，度脱众生，犹未毕愿，慈悯此世罪苦众生，复观未来无量劫中，因蔓不断，以是之故，又发重愿。如是菩萨于娑婆世界阎浮提中，百千万亿方便，而为教化。四天王，地藏菩萨若遇杀生者，说宿殃短命报；若遇窃盗者，说贫穷苦楚报；若遇邪淫者，说雀鸽鸳鸯报；若遇恶口者，说眷属斗诤报；若遇毁谤者，说无舌疮口报；若遇嗔恚①者，说丑陋癃残报；若遇悭吝者，说所求违愿报；若遇饮食无度者，说饥渴咽病报；若遇畋猎恣情者，说惊狂丧命报；若遇悖逆父母者，说天地灾杀报；若遇烧山林木者，说狂迷取死报；若遇前后父母恶毒者，说返生鞭挞现受报；若遇网捕生雏者，说骨肉分离报；若遇毁谤三宝者，说盲聋瘖痖报；若遇轻法慢教②者，说永处恶道报；若遇破用常住者，说亿劫轮回地狱报；若遇污梵诬僧者，说永在畜生报；若遇汤火斩斫伤生者，说轮回递偿报；若遇破戒犯斋③者，说禽兽饥饿报；若遇非理毁用者，说所求阙绝报；若遇吾我贡高④者，说卑使下贱报；若遇两舌斗乱者，说无舌百舌报；若遇邪见⑤者，说边地受生报。如是等阎浮提众生身口意业⑥，恶习结果，百千报应，今粗略说。如是等阎浮提众生，业感差别。地藏菩萨、百千方便而教化之，是诸众生，先受如是等报，后堕地狱，动经劫数，无有出期。是故汝等，护人护国，无令是诸众业迷惑众生。"四大天王闻已，涕泪悲叹，合掌而退。

【注释】

① 嗔恚：即怨恨别人，为佛教"三毒"之一。

② 轻法慢教：轻视佛法，怠慢佛教。

③ 破戒犯斋：破坏违犯佛家的规戒及斋仪。戒，指断绝身体、言语、意志的罪恶，抑制一切不良行为，即指不该说、不该做、不该想的行为，有佛家僧尼的"五戒"（不杀生、不偷盗、不淫欲、不妄语、不饮酒），有在家居士的"八戒"（不杀生、不偷盗、不邪淫、不妄语、不饮酒、不眠坐高广华丽之床、不装饰打扮及听歌观舞、不食非时之食），还有"十善戒"（不杀生、不偷盗、不邪淫、不妄语、不两舌、不恶口、不绮语、不贪欲、不嗔恚、不邪见）等。"八戒"中，前七项为"戒"，后一项为"斋"；素食亦称斋。

④ 吾我贡高：自高自傲，妄自尊大。

⑤ 邪见：否认善恶因果报应这一佛家基本宗旨的不正确见解。

⑥ 身口意业：指因众生的行为、语言、意识正确、善恶与否所造成的业果。

【白话】

佛告诉四天王说："地藏菩萨从无数劫数以来，直到现在，虽然度脱了一切罪报受苦的众生，但还没有最终完毕他的誓愿。因为他慈悲怜念这一世界的受罪苦众生，又看到以后无数劫中，罪业众生像草一样延蔓不断出现。因为这个缘故，他又发出重大的誓愿。这样，地藏菩萨在人世间，用百千万亿种方法，随机教化。四天王，地藏菩萨如果遇到杀生害命的人，就对他说这是几世的灾祸，会遭到短命的报应；如果遇到偷窃及做强盗的人，就对他说必然遭受贫穷苦楚的报应；如果遇到邪淫的人，就对他说必然会遭转生为麻雀鸟、鸽子、鸳鸯的报应；如果遇到用恶毒语言骂人的人，就对他说他的眷属必然遭被人毒打的报应；如果遇到毁谤别人的人，就对他说必然遭到变成哑巴或口舌生疮的报应；如果遇到爱发脾气、怨恨别人的人，就对他说必然转生为丑陋伤残的报应；如果遇到很悭吝的人，就对他说会遭到一切愿望要求都不能实现的报应；如果遇到大吃大喝、饮食没有节制的人，就对他说会遭到饥饿、口渴及咽喉生病的报应；如果遇到纵情打猎的人，就对他说会遭到受惊吓恐怖而丧命的报应；如果遇到不孝顺父母的人，就对他说会遭到天诛地杀、受各种突变而死的报应；如果遇到放火烧山林树木的人，就说会受到癫狂、痴呆而死的报应；如果遇到前父母或继父母狠毒对待非亲生孩子，就说转生后会遭到受鞭打的报应；如果遇到用网捕捉鱼鳖飞禽的人，就对他说会遭到父母子女骨肉分离的报应；如果遇到毁谤佛法僧三宝的人，就说会遭到眼瞎、耳聋、变成哑巴的报应；如果遇到轻视佛法、欺慢佛教的人，就说会遭到永远堕入地狱、饿鬼、畜生恶道的报应；如果遇到破坏糟踏寺院财物的人，就说会遭到永远轮回在地狱中受苦的报应；如果遇到污辱修道者、诬陷佛僧的人，就说会遭到永远超生为畜生的报应；如果遇到用热汤、烈火、利刀伤害生灵的人，就说他下一辈子也会遭到这种下场的报应；如果遇到违犯佛家戒斋规仪的佛僧，就对他说会遭到变成禽兽、挨饥受饿的报应；如果遇到无理占用或破坏器物的人，就说会遭到所求而不可得的报应；如果遇到自高自傲的人，就说会遭到超生为卑微下贱人的报应；如果遇到搬弄口舌是非、挑拨离间的人，就说会遭到没有舌头或长出一百个舌头的报应；如果遇到心术不正、观点错谬的人，就说会遭到投生到边疆荒野远地受苦的报应。像这样的世间众生，他们的行为、语言、意识所造下的恶习业果，有千百种不同的报应，现在我只是这样大概地说一说。像这些世间众生不同的善恶，地藏菩萨是用千百种不同的方法去教化他们的。像这类众生，先要经受这么一些报应，随后堕入地狱，经过无数劫时间的苦难，没有摆脱地狱之苦的日子。所以，你们要保护世人和国家，不要让这各种罪业把众生迷惑了。"四天王听了佛的这一番话后，感动得流下了眼泪鼻涕，恭敬地合掌退回原位。

地狱名号品第五

【经文】

尔时普贤菩萨①摩诃萨白地藏菩萨言："仁者，愿为天龙四众②及未来、现在一切众生，说娑婆世界及阎浮提罪苦众生所受报处，地狱名号及恶报等事，使未来世末法众生③知是果报。"地藏答言："仁者，我今承佛威神，及大士④之力，略说地狱名号及罪报之事。仁者，阎浮提东方有山，号曰铁围。其山黑邃，无日月光。有大地狱，号极无间；又有地狱，名大阿鼻；复有地狱，名曰四角；复有地狱，名曰飞刀；复有地狱，名曰火箭；复有地狱，名曰夹山；复有地狱，名曰通枪；复有地狱，名曰铁车；复有地狱，名曰铁床；复有地狱，名曰铁牛；复有地狱，名曰铁衣；复有地狱，名曰千刃；复有地狱，名曰铁驴；复有地狱，名曰烊铜；复有地狱，名曰抱柱；复有地狱，名曰流火；复有地狱，名曰耕舌；复有地狱，名曰剉首；复有地狱，名曰烧脚；复有地狱，名曰啖眼；复有地狱，名曰铁丸；复有地狱，名曰诤论；复有地狱，名曰铁铁；复有地狱，名曰多嗔。"

【注释】

①普贤菩萨：又称"遍吉"、"三曼多跋陀罗"，为释迦牟尼佛前的右胁侍，代表德行。传说他有延命之德，发过十大宏愿，成为

主一切诸佛的理想、行德者，尊号为"大行普贤"。《大日经疏》说："普贤菩萨者，普，是遍一切处；贤，是最妙善义。谓菩提心所起愿行，遍一切处，纯一妙善，备具众德，故以为名。"《第二菩萨经迹》载："普贤菩萨，证穷法界，久成正觉，为辅助释迦，脱度众生，隐本垂迹，现菩萨相。其德无量无边，不可思议。"

② 四众：四众，本指比丘（和尚）、比丘尼（尼姑）、男居士、女居士。此处应指四位护法神，即"四大金刚"、"四大天王"。

③ 末法众生：没有听闻过佛法的众生。

④ 大士：音译为"摩诃萨"，意指"伟大的人"，常用来称谓菩萨。

【白话】

这时，普贤大菩萨对地藏菩萨说："仁慈的人，请你为天龙四众及以后、现在的一切众生，说一说在俗世中及世界上罪苦的众生所受恶报的地方——地狱的名号，以及各种恶报的情况，使以后世间没有闻听过佛法的众生，知道善恶因果报应是怎么一回事。"地藏菩萨回答道："仁者，我现在仰承佛的威神和各位大士们的力量，大概地说说地狱的名号，以及罪报恶报的事。仁者，在南赡部洲东面有座山，名号铁围山，那座山非常黑暗而且深邃，没有日月光明。那地方有座大地狱，名叫极无间（受极大苦而从不间歇）；又有一座地狱，名叫大阿鼻（受报大罪）；又有一座地狱，名叫四角（罪人因地狱之火烧而涌向四角，终不得出）；又有一座地狱，名叫飞刀（有无数把刀从空飞下，斩砍罪人）；又有一座地狱，名叫火箭（有无数带火之箭乱射罪人）；又有座地狱，名叫夹山（两山合拢把进入山中的罪人夹成肉饼）；又有座地狱，名叫通枪（铁枪戳通罪人胸背）；又有座地狱，名叫铁车（铁车辗碎罪人身体）；又有座地狱，名叫铁床（罪人睡床上即被烧焦）；又有座地狱，名叫铁牛（铁牛喷火追逐践踏罪人）；又有座地狱，名叫铁衣（烧红的铁衣，令罪人穿戴）；又有座地狱，名叫千刃（成千把利刃刺杀罪人）；又有座地狱，名叫铁驴（践踏罪人）；又有座地狱，名叫烊铜（将熔化的铜汁灌浇在罪人身上、口中）；又有座地狱，名叫抱柱（铁柱烧红，令罪人拥抱）；又有座地狱，名叫耕舌（把罪人的舌头用铁器刻耕）；又有座地狱，名叫剉首（用刀锉罪人头）；又有座地狱，名叫烧脚（烧罪人脚）；又有座地狱，名叫啖眼（铁鹰啄食罪人眼）；又有座地狱，名叫铁丸（把铁丸烧红令罪人吞服）；又有座地狱，名叫诤论（罪人之间互相争斗搏杀）；又有座地狱，名叫铁鈇（用铁斧砍杀罪人）；又有座地狱，名叫多瞋（罪人互相怨怒，互相残杀）。"

【经文】

地藏白言："仁者，铁围之内，有如是等地狱，其数无限。更有叫唤地狱、拔舌地狱、粪尿地狱、铜锁地狱、火象地狱、火狗地狱、火马地狱、火牛地狱、火山地狱、火石地狱、火床地狱、火梁地狱、火鹰地狱、锯牙地狱、剥皮地狱、饮血地狱、烧手地狱、烧脚地狱、倒刺地狱、火屋地狱、铁屋地狱、火狼地狱。如是等地狱，其中各各复有诸小地狱，或一，或二，或三，或四，乃至百千，其中名号，各各不同。"

【白话】

地藏菩萨说："仁者，铁围山之内，像这样的各种地狱，那数量多得无法计算。还有叫唤地狱（罪人受极大苦，痛楚得大声叫唤）、拔舌地狱（拔罪人舌头）、粪尿地狱（把罪人抛入粪尿坑中）、铜锁地狱（用铜锁锁住罪人颈项）、火象地狱（大象喷火，追逐践踏罪人）、火狗地狱（狗喷火，咬罪人）、火马地狱

（马喷火，践踏罪人）、火牛地狱（牛喷火，追逐践踏触杀罪人）、火山地狱（罪人逃入山中，被山火焚烧）、火石地狱（用烧红的大石头压烤罪人）、火床地狱（把罪人放在烧红的铁床上烧烤）、火梁地狱（把罪人悬挂在火梁上任其烧烤）、火鹰地狱（鹰喷火啄食人肉）、锯牙地狱（锯罪人之牙）、剥皮地狱（剥罪人皮）、饮血地狱（用恶虫毒蛇饮罪人血）、烧手地狱（烧罪人手）、烧脚地狱（烧罪人脚腿）、倒刺地狱（把罪人倒挂在长满刺的树上，向下猛拖，树刺倒刺入罪人之身）、火屋地狱（把罪人关入铁屋纵火焚烧）、铁屋地狱（把罪人关入铁屋焚烧）、火狼地狱（恶狼吐火，狂咬罪人）。像这每种大地狱内，又有各种各样的小地狱，或者一个小地狱，或者有两个，或者有三个，或者有四个，以至于有成百上千个，它们的名号，又各不相同。"

【经文】

地藏菩萨告普贤菩萨言："仁者，此者皆是南阎浮提行恶众生业感如是。业力甚大，能敌须弥①，能深巨海，能障圣道②，是故众生莫轻小恶，以为无罪，死后有报，纤毫受之。父子至亲，歧路各别。纵然相逢，无肯代受。我今承佛威力，略说地狱罪报之事，唯愿仁者，暂听是言。"普贤答言："吾以久知三恶道报，望仁者说，令后世末法一切恶行众生，闻仁者说，使令归佛。"

【注释】

① 须弥：须弥山，印度神话的山名，指佛家帝释天、四大天王居住之处，其高八万四千由旬（一由旬等于四十里），顶峰居帝释天，山腰居四大天王及其眷属，山周围为七香海，七金山。第七金山之外是咸海，咸海中有四大部洲，洲外的咸海，又被铁围山团团

围住。

②障：隔绝。圣道：指佛道，借阿弥陀佛的力量，经过自己的不懈修行，而达到觉悟的境界。

【白话】

地藏菩萨告诉普贤菩萨说："仁者，这些都是世界上作恶事的众生所造的恶业，而招致的恶报。那造罪的招致恶报的力量是十分巨大的，比须弥山还要高，比大海还要深还要大，它能障碍人修行佛道。所以，世间一切众生不要轻视小恶，以为是没有罪的，到死后受到报应，那是丝毫也不会有错的。虽然父子骨肉至亲，但受报应时，各各分路，各受各的报应，即使相逢，也不肯互相代替。我现在承蒙佛的威力，大略地说说地狱罪报的情况，但愿仁者们暂时听我说这些话。"普贤菩萨回答说："我在很久以前就知道这三恶道的报应，希望仁者再说一说，让后世不知道佛法的一切行恶的众生听到你的这番话，从而归心向佛。"

【经文】

地藏白言："仁者，地狱罪报，其事如是，或有地狱，取罪人舌，使牛耕之；或有地狱，取罪人心，夜叉食之；或有地狱，镬汤盛沸，煮罪人身；或有地狱，赤烧铜柱，使罪人抱；或有地狱，使诸火烧，趁及罪人；或有地狱，一向寒冰；或有地狱，无限粪尿；或有地狱，纯飞镞鐧；或有地狱，多攒火枪；或有地狱，唯撞胸背；或有地狱，但烧手足；或有地狱，盘绕铁蛇；或有地狱，驱逐铁狗；或有地狱，尽驾铁骡。仁者，如是等报，各各狱中有百千种业道之器，无非是铜是铁，是石是火，此四种物，众业行感。若广说地狱罪报等事，一一狱中，更有百千种苦楚，何况多狱。我今承佛威神，及仁者问,略说如是。若广解说,穷劫不尽。"

【白话】

地藏菩萨说:"仁者,地狱里的罪恶报应情形,是这样的:有的地狱,拔取罪人的舌头,用牛去耕犁;有的地狱,挖取罪人的心脏,让夜叉去吃;有的地狱,用大锅盛满滚烫的沸汤,把罪人放入锅内去煮;有的地狱,把铜柱烧红,让罪人去抱;有的地狱,让各种烈火熊熊燃烧,驱赶罪人被火焚烧;有的地狱,一直到处是寒冰,把罪人冻死;有的地狱,到处是粪尿,使罪人不可忍受;有的地狱,到处都是铁刺纷飞,刺穿罪人骨髓;有的地狱,到处都是烧红了的铁枪,刺透罪人的胸腹;有的地狱,只是用铁锤捶击罪人胸背;有的地狱,只是用大火烧罪人的手脚;有的地狱,到处盘绕着铁蛇,吸食罪人之血;有的地狱,驱赶着铁狗咬罪人;有的地狱,驾着铁骡,践踏罪人。仁者,像这样的种种报应,在每个不同的地狱里,有千百种业报所用的器具,无不是由铜、铁、石头、火做成的,这四种东西,是众生所造罪业所招致的报应。如果详细说地狱里罪恶报应的情形,每座地狱中,就有千百种苦楚,何况那许许多多的地狱呢!我现在承蒙佛的威神力量,以及承蒙仁者们的询问,大略地这样说一说,如果要详细讲说,那是永远讲不尽的。"

如来赞叹品第六

【经文】

尔时世尊举身放大光明,遍照百千万亿恒河沙等诸佛世界,出大音声,普告诸佛世界:"一切诸菩萨摩诃萨,及天龙鬼神、人、非人等,听吾今日称扬赞叹地藏菩萨摩诃萨,于十方世界,现大不可思议威神慈悲之力,救护一切罪苦之事,吾灭度①后,汝等诸菩萨大士、天龙鬼神等,广作方便,卫护是经,令一切众生,证涅槃乐。"说是语已,会中有一菩萨,名曰普广,合掌恭敬,而白佛言:"今见世尊赞叹地藏菩萨有如是不可思议大威神德,唯愿世尊为未来世末法众生,宣说地藏菩萨利益人天因果等事,使诸天龙八部及未来世众生,顶受佛语。"尔时世尊告普广菩萨及四众等:"谛听谛听,吾当为汝略说地藏菩萨利益人天福德之事。"普广白言:"唯然,世尊,愿乐欲闻。"

【注释】

① 灭度:亦称圆寂,指佛徒逝世。

【白话】

这时,释迦牟尼佛全身放出灿烂的光辉,照遍了百千万亿像恒河沙一样多得无法计数的诸佛世界,发出巨大的声音,普告诸佛世界的一切菩萨、大菩萨，以及天神、龙、鬼、神、人、非人等所有众生："听我现在来称扬赞叹地藏大菩萨的功德，这位大菩萨在十方世界里，显现出巨大得不可思议的威神慈悲的力量，来救护一切有罪业应受罪苦的众生的事情。我逝世以后，你们这些菩萨大士，以及天龙鬼神等，广泛地用各种方法，保护这部《地藏经》，使一切众生都能成佛，享受到那不生不灭的涅槃之乐。"佛说完这番话后，集会中有一位菩萨，名叫普广，合掌恭敬地对佛说："现在看到佛世尊你赞叹地藏菩萨，他具有这么大的不可思议的大威神感力量，但愿佛世尊为以后世界中没有听说过佛法的众生，宣说地藏菩萨对人间、天上众生的因果报应的情况，使诸天神、天龙八部神，以及以后的众生，都来顶戴奉持佛的教导，学习佛法。"这时佛告诉普广菩萨及佛徒四众等："认真听啊认真听，我现在大略说说地藏菩萨给天上人间修造福德的事。"普广菩萨说："是的，世尊，我很乐意听到你的教诲。"

【经文】

佛告普广菩萨："未来世中，若有善男子，善女人，闻是地藏菩萨摩诃萨名者，或合掌者，赞叹者，作礼者，恋慕者，是人超越三十劫罪。普广，若有善男子，善女人，或彩画形像，或土石胶漆金银铜铁，作此菩萨，一瞻一礼者，是人百返生于三十三天，永不堕于恶道。假如天福尽故，下生人间，犹为国王，不失大利。若有女人，厌女人身，尽心供养地藏菩萨画像，及土石胶漆铜铁等像，如是日日不退，常以华香、饮食、衣服、缯彩、幢幡、钱宝物等供养，是善女人尽此一报女身，百千万劫，更不生有女人世界，何况复受。除非慈愿力故，要受女人身，度脱众生，承斯供养地藏力故，及功德力，百千万劫不受女身。复次普广，若有女人，厌是丑陋多疾病者，但于地藏像前，志心瞻礼，食顷之间，是人千万劫中，所受生身，相貌圆满。是丑陋女人，如不厌女人身，即百千万亿生中，常为王女，乃及王妃、宰辅大姓大长者女，端正受生，诸相圆满。由志心故，瞻礼地藏菩萨，获福如是。"

【白话】

佛告诉普广菩萨说："将来的世界中，假若有善良的男人，善良的女人，听到这个地藏菩萨的名字，或者合掌虔诚地赞叹，或者恭敬地作礼拜叩，爱恋仰慕，那么这人就能够超越三十劫的罪业报应。普广，如果有善男善女，或者彩画地藏菩萨形像，或者用土石、油漆、金、银、铜、铁，塑造地藏菩萨像，并且向菩萨瞻仰礼拜，这个人就可以一百次地返生于三十三天上，永远不堕入恶道中受苦；假如他因天上的福泽享尽的缘故，下生到人间，还能在人间当国王，并不损失大的利益。假如有女人，讨厌自己是女人身体，只要诚心供养地藏菩萨的画像，或者供养用土石、胶、漆、铜、铁等所造的地藏菩萨像，这样天天虔诚供养不退心，经常用香花、饮食、衣服、绸彩、幢幡、钱宝、物品等东西供养地藏菩萨像，这个女人在结束这一世的女身之后，百千万劫中，再不会转生在女人世界，何况再受报为女身呢？除非她自己慈悲发愿要受女身来度脱受罪众生的缘故？凭着她供养地藏菩萨的福力，还有她自己的功德力，她在百千万劫中不再转生为女人身。"佛又告诉普广菩萨："假如有女人，嫌自己长得丑陋而又多疾病，只要她在地藏菩萨像前，诚心诚意瞻仰礼拜，只须一顿饭的时间，这个女人在千万劫中所受生的身体，都会相貌圆满，端正美丽。这个相貌丑陋的女人，如果不嫌弃她是女人身体，便可在百千万亿劫中，常转生为国王之女，或者当王妃、宰辅大臣或富贵尊荣人家的女儿，而且生得端庄美丽，诸相都非常圆满称意。这就是由于她诚心的缘故，一心瞻仰礼拜地藏菩萨，受到了这样好的报应。"

【经文】

复次普广："若有善男子，善女人，能对菩萨像前，作诸伎乐，及歌咏赞叹，香华供养，乃至劝于一人多人，如是等辈，现在世中，及未来世，常得百千鬼神，日夜卫护，不令恶事，辄闻其耳，何况亲受诸横①。"复次普广："未来世中，若有恶人，及恶神恶鬼，见有善男子，善女人，归敬供养赞叹瞻礼地藏菩萨形象，或妄生讥毁，谤无功德及利益事，或露齿笑，或背面非，或劝人共非，或一人非，或多人非，乃至一念生讥毁者，如是之人，贤劫千佛②灭度，讥毁之报，尚在阿鼻地狱，受极重罪。过是劫已，方受饿鬼；又经千劫，复受畜生；又经千劫，方得人身，纵受人身，贫穷下贱，诸根不具，多被恶业，来结其心。不久之间，复堕恶道。是故普广，讥毁他人供养，尚获此报，何况别生恶见毁灭。"

【注释】

①横：灾难，横祸。
②贤劫千佛：又译作飑劫簸。佛教认为世界经过一小劫毁灭一次，然后重新开始，这样一个周期（一劫）又分为四个阶段，贤劫就是其中的一个阶段，即指出现一千个佛的过程。佛教认为现在正处在贤劫阶段，已有四个佛（过去三佛及释迦牟尼佛）相继出现，还要经过2360阿僧祇劫（若干亿年）再出现996个佛后始尽，现在已过了1510阿僧祇。

【白话】

佛又对普广菩萨说:"假如有善男善女,能在地藏菩萨像前,作各种伎乐,或者歌咏赞叹他,用香花来供养他,甚至劝导一人或多人敬信礼拜地藏菩萨,像这样的人,在他们现在的一世中,以及将来世中,常常会得千百鬼神的日夜护卫,不让他们经常听到各种恶事,何况亲身遭到各种灾祸横事呢!"佛又告诉普广菩萨:"在未来世界中,如果有恶人及造恶的神、鬼,看见善男善女归依供养赞叹瞻仰礼拜地藏菩萨,这些恶人恶鬼恶神或者妄生讥笑毁誉之心,毁谤说这是无功德无利益的事,或开口露出牙齿冷笑,或背后非议,或唆使许多人一同非议,或一个人非议,甚至生起一念讥笑、毁谤礼敬地藏菩萨的人,像这样的人,在整个贤劫千佛圆寂以后,他们受讥毁的恶报,还在阿鼻地狱中受极重的罪苦,经过贤劫地狱苦之后,又受饿鬼道的罪苦;再经过一千劫,又受畜生道的罪苦;又经过一千劫,才得以转生为人身,即使转生为人,也是贫穷下贱的人,同时六根不完全具备,身体残缺不全,多被他从前毁谤敬地藏菩萨所造成的恶业而缠结他的心,即精神错乱,这样,时间不久,又会堕入恶道之中。所以普广菩萨,讥谤别人供养菩萨,尚且获得这么重的报应,何况再另生出其他恶意毁灭佛法呢!"

【经文】

复次普广:"若未来世,有男子女人,久处床枕①,求生求死,了不可得,或夜梦恶鬼,乃及家亲,或游险道,或多魇寐共鬼神游,日月岁深,转复尪瘵②,眠中叫苦,惨凄不乐者,此皆是业道论对,未定轻重。或难舍寿,或不得愈。男女俗眼,不辨是事,但当对诸佛菩萨像前,高声转读此经一遍,或取病人可爱之物,或衣服、宝贝,庄园宅舍,对病人前,高声唱言：我某甲等，为是病人，对经像前，舍诸等物，或供养经像，或造佛菩萨形像，或造塔寺，或燃油灯，或施常住，如是三白病人，遣令闻知。假令诸识③分散，至气尽者，乃至一日、二日、三日、四日，至七日已来，但高声白，高声读经。是人命终之后，宿殃④重罪，至于五无间罪，永得解脱；所受生处，常知宿命⑤。何况善男子善女人，自书此经，或教人书，或自塑画菩萨形像，乃至教人塑画，所受果报，必获大利。是故普广，若见有人读诵是经，乃至一念赞叹是经，或恭敬者，汝须百千方便，劝是等人，勤心莫退，能得未来现在千万亿不可思议功德。"

【注释】

① 久处床枕：长期卧病在床。

② 尪瘵（wāng zhài 汪债）：背伛偻伸不直为尪，痨病（肺结核）称瘵，此处代指一切极重极痛苦的疾病。

③ 诸识：各种意识、意志、思维。

④ 宿殃：长期积累的罪过、祸殃。

⑤ 宿命：前世命里所做之事。

【白话】

佛又对普广菩萨说："假如未来世界中，有男人女人，长期卧病在床，求生不能，求死不得；或者夜间梦见恶鬼以及已死的亲人眷属，或者在极险恶的路上游走，或多恶梦惊叫不醒，梦中与鬼神同游。这样经过很长的年月，又转为五劳七伤、残疾重病，睡眠之中痛苦得大叫不止，真是极为惨凄，没有一点安乐。这都是以往所做的恶事招致的冤魂正在与他们一一对证，还没有判定他们罪业的轻重，或者还在这世间难以舍命死去，或者疾病缠身，不得痊愈。以上这些事情，一般世间男女俗眼凡胎，是不能辨别明白的。但是，只要面对佛和菩萨的宝像，高声转读一遍这部《地藏本愿经》；或取来病人可爱的东西，或是衣服、宝贝，或是庄园房舍，在病人面前，高声唱道：我是某甲等人，为了这位病人，在这佛菩萨经像之前施舍这些财物，或者用来供养经像，或者用来塑造佛和菩萨宝像，或者用来建造塔寺，或者用来为佛菩萨燃油灯，或者施舍给寺院内。这样三番五次对病人说，使病人听到。如果病人已经没有了意识，昏迷不醒，甚至已经气绝身亡，就在死后一日、二日、三日、四日，直至七日之中，高声对他说这些话，并大声地诵经，这个人命刚结束，他的宿世的祸殃及重罪，甚至下五无间地狱的罪，也能永远得到解脱；他到转生的地方，常会知道自己前生所做的事情。何况善男善女自己抄写这部《地藏本愿经》，或教别人抄写，或自己塑画地藏菩萨形像，甚至教别人塑画地藏菩萨形像，他所受到的报应，必定能够获得很大的利益。所以，普广菩萨，如果看见有人读诵这部《地藏本愿经》，甚至心生一念赞叹这部《地藏本愿经》，或者对此经表示恭敬之意，你须要用百千万种办法，奉劝这些人，勤恳用心读经，不要退缩。这样，你就能得到现在及以后千万亿多得不可思议的大功德。"

【经文】

复次普广："若未来后诸众生等，或梦或寐，见诸鬼神，乃及诸形，或悲或啼，或愁或叹，或恐或怖，此皆是一生十生，百生千生过去父母，男女弟妹，夫妻眷属。在于恶趣，未得出离，无处希望福力救拔，当告宿世骨肉，使作方便愿离恶道。普广，汝以神力，遣是眷属，令对诸佛菩萨像前，志心自读此经,或请人读,其数三遍,或七遍,如是恶道眷属,经声毕是遍数,当得解脱,乃至梦寐之中,永不复见。"

【白话】

佛又对普广菩萨说:"如果以后世间众生,或者做梦时看见各种鬼神的种种形状,有的大哭,有的流泪;有的忧愁,有的伤叹,有的害怕,有的恐怖,这都是在一生、十生、百生、千生的过去父母、儿女、弟妹、夫妻、眷属等,在恶道里受苦,没有法子出离恶道,也无法找到有福力的人去救拔他们。你应当告诉他们的骨肉同胞至亲,劝令他们用各种方法,勤修功德,使他们的眷属脱离受罪苦的恶道。普广,你用你的神力,遣令这些在世的眷属,使他们在各位佛和菩萨像前,专心自读这部《地藏本愿经》,或者请人来读,读三遍或七遍。这样,这些堕入恶道的眷属,在读经满了这些遍数之后,当即就得到了解脱,从此以后,也就永远不会出现在其亲人的睡梦之中了。"

【经文】

复次普广:"若未来世有诸下贱等人,或奴或婢,乃至诸不自由之人觉知宿业要忏悔者,志心瞻礼地藏菩萨形像,乃至一七日中,念菩萨名,可满万遍,如是等人,尽此报后,千万生中,常生尊贵。更不经三恶道苦。"

【白话】

佛又对普广菩萨说:"如果今后世间有各种地位下贱的人,或是奴仆,或是婢女,甚至各类不自由的人,他们知道这是自己前世所做恶业应得的报应,而要忏悔过去的罪业,因此诚心瞻仰礼拜地藏菩萨形像，甚至在一日到七日之内，念地藏菩萨的名号达到一万遍。这样的人，尽了这一世的报身之后，千万生中，常生在富贵之家，更不必再经受地狱等三恶道的罪苦。"

【经文】

复次普广："若未来世中，阎浮提内，刹利①、婆罗门、长者、居士、一切人等，及异姓种族，有新产者，或男或女，七日之中，早与读诵此不可思议经典，更为念菩萨名，可满万遍。是新生子或男或女，宿有殃报，便得解脱，安乐易养，寿命增长；若是承福生者，转增安乐，及与寿命。"

【注释】

① 刹利：又译作"刹地利"、"刹帝利"。古印度有四种身份的种姓：婆罗门（司祭者）、刹帝利（王族或武士）、吠奢（平民）、首陀罗（奴隶）。刹利为第二种姓。

【白话】

佛又对普广菩萨说："假使未来世中，在南阎浮提世界内，有刹利种族、婆罗门种族、有尊贵的长者，以及在家信佛的居士这一切人，还有一切异姓种族的人，如果有新出生的婴儿，或男婴，或女婴，刚生产七天之中，趁早给他们读诵这部有极大功德力的《地藏本愿经》，再为他们念地藏菩萨名号，念满一万遍，不管是男孩还是女孩，他们在前世造成的罪业祸殃的恶报，便全得到解脱，就会平安快乐很容易养育，而且他们的寿命也会随之增长。如果是因承自己的福报转生的，那更转增他们的安乐与寿命。"

【经文】

复次普广:"若未来世众生,于月一日、八日、十四日、十五日、十八日、二十三日、二十四日、二十八日、二十九日,乃至三十日,是诸日等,诸罪结集,定其轻重。南阎浮提众生,举止动念,无不是业,无不是罪,何况恣情杀害、窃盗、邪淫、妄语,百千罪状,能于是十斋日对佛、菩萨、诸贤圣像前读是经一遍,东西南北,百由旬内,无诸灾难。当此居家,若长若幼,现在未来,百千岁中,永离恶趣;能于十斋日①,每转一遍,现世令此居家无诸横病,衣食丰溢。是故普广,当知地藏菩萨有如是等不可说百千万亿大威神力利益之事,阎浮提众生于此大士有大因缘,是诸众生闻菩萨名,见菩萨像,乃至闻是经三字、五字,或一偈一句者,现在殊妙安乐,未来之世,百千万生,常得端正,生尊贵家。"

【注释】

① 十斋日:为佛教在家信徒的每月十天的持戒日,即月旦(初一)、初八、十四日、十五日(望日)、十八日、二十三日、二十四日、二十八日、二十九日、三十日。在这十天,持戒念佛敬佛、素食。

【白话】

佛又告诉普广菩萨:"假使未来世的众生,在每月一日、八日、十四日、十五日、十八日、二十三日、二十四日、二十八日、二十九日,以及三十日,这些日子,是天神、天将、天王来到人间审察众生所造各种罪业,并结集其善恶情况,判定其造罪的轻重的日子，南阎浮提世间众生，他的一举一动，甚至一个意念，没有一种不是造罪业的因缘，何况恣情任意杀生害命、偷窃抢劫、放纵淫欲、骗人说谎等千百种罪状呢？假如能在这十斋日中面对佛和地藏菩萨及各位圣贤像前，把这部《地藏经》读诵一遍，就能在东、西、南、北一百由旬（一由旬约四十里）内，没有各种灾难，在这个范围内居住的家庭中，不管是年长的人，还是年幼的人，在现在和以后的千百年中，永远脱离恶道的报应。如果能每逢十斋日，每次都辗转诵读一遍《地藏经》，在现世就会让这些家庭免除种种天灾人祸，而且能够衣食丰足。所以，普广，你应当知道，地藏菩萨有这么多无数量的百千万亿种大威神力量及利益众生的事，世间的众生，和这位大士有深厚的因缘。这些众生，听见地藏菩萨的名字，见到地藏菩萨的画像塑像，甚至听到这部《地藏经》的三字五字，一首偈，或一句话，现在在世就能得到极好的安乐，在未来世的百千万生中，也经常能长得端正美丽，生长在尊贵之家。"

【经文】

尔时普广菩萨闻佛如来称扬赞叹地藏菩萨已，胡跪①合掌，复白佛言："世尊，我久知是大士有如此不可思议神力及大誓愿力，为未来众生遣知利益，故问如来，唯愿顶受。世尊，当何名此经，使我云何流布？"佛告普广："此经有三名，一名《地藏本愿》，亦名《地藏本行》，亦名《地藏本誓力经》。缘此菩萨久远劫来，发大重愿，利益众生，是故汝等依愿流布。"普广闻已，合掌恭敬，作礼而退。

【注释】

①胡跪：古西域僧人拜坐之法，右膝着地，竖左膝危坐。倦则

两膝姿势互换，故亦称互跪。

【白话】

这时，普广菩萨听完如来佛称扬赞叹地藏之后，右膝着地，跪拜合掌，再次对佛说："世尊，我早就知道这位地藏大士有着这不可思议的巨大神力，以及他所发的宏大誓愿的力量，为着今后的众生能让他们知道这么多的利益好处，所以询问如来佛，惟有顶戴领受佛的教诲。世尊，我们应当怎样称呼这部经呢？又使我们如何去流通传布这部经呢？"佛告诉普广菩萨："这部经有三个名字，一个名字叫《地藏本愿经》，又叫《地藏本行经》，也叫做《地藏本誓力经》。为什么有三个名字呢？是因为这个地藏菩萨在很久很久的大劫以前，发了很深很重的大誓愿，要为广大众生造利益。所以你们就要依照地藏菩萨的大愿力去流通传布这部经。"普广菩萨听后，便合掌恭敬地行礼告退。

下 卷

利益存亡品第七

【经文】

尔时地藏菩萨摩诃萨白佛言："世尊，我观是阎浮众生，举心动念无非是罪，脱获善利，多退初心，若遇恶缘，念念增益。是等辈人，如履泥涂，负于重石，渐困渐重，足步深邃。若得遇知识①，替与减负，或全与负，是知识有大力故，复相扶助，劝令牢脚。若达平地，须省恶路，无再经历。世尊，习恶众生，从纤毫间便至无量，是诸众生，有如此习，临命终时，父母眷属，宜为设福，以资前路；或悬幡盖②，及然油灯；或转读尊经，或供养佛像及诸圣像，乃至念佛菩萨，及辟支佛名字，一名一号，历临终人耳根；或闻在本识③，是诸众生，所造恶业，计其感果，必堕恶趣，缘是眷属为临终人修此圣因，如是众罪悉皆消灭。若能更为身死之后，七七日内，广造众善，能使是诸众生永离恶趣，得生人天，受胜妙乐；现在眷属，利益无量。是故我今对佛世尊及天龙八部、人、非人等，劝于阎浮提众生，临终之日，慎勿杀害，及造恶缘，拜祭鬼神，求诸魍魉④，何以故？尔所杀害，乃至拜祭，无纤毫之力，利益亡人，但结罪缘，转增深重；假使来世或现在生，得获圣分，生人天中，缘是临终被诸眷属造是恶因，亦令是命终人，殃累对辩，晚生善处。何况临命终人在生未曾有少善根，各据本业，自受恶趣，何忍眷属更为增业？譬如有人从远地来，绝粮三日，所负担物强过百斤，忽遇邻人，更附少物，以是之故，转复困重。世尊，我观阎浮众生，但能于诸佛教中，乃至善事，一毛一渧，一沙一尘，如是利益，悉皆自得。"

【注释】

① 知识：又译作"善知识"，指善于教化别人，使人萌发善心、进入佛道的高僧。

② 幡盖：在佛前悬挂的幢幡、宝盖、宝鬘等饰物。

③ 本识：音译作阿赖耶识，即佛教有为法、无为法等一切法的根本，此处指人的根本意识。

④ 魍魉：传说中的鬼怪名。

【白话】

这时地藏大菩萨对佛说："世尊，我观察南阎浮提世间的众生，一举一动，一思一念，无不是在造罪业，即使一时信佛做了点善事，可是由于没有获得显著的利益，就退转回原来的心境，不再信佛做善事；假若再遇到恶劣的环境和机会，就会处处跟随恶缘，增加恶业。这一类的人，好比在烂泥路上行走，又背着很重的石头，渐渐觉得困苦艰难，所背的负担就觉得沉重起来，脚步也就变得沉重，陷入深深的泥淖而不能自拔。这时，他如果能遇到善于引导人的大德高僧，来替他减轻负担，或者全部替他负担，由于这位善于引导人的善知识有巨大的力量扶助他，并劝令他站稳脚跟，如果想到达平地去，就要赶快省悟不要再在恶路、险路上行走。世尊，世间习惯造恶的众生，从一根毫毛那么少，便能达到无数多个，他们在临死时，他们的父母眷属，应该替他们广修福德，广行布施，以便资助他们往生到善道去。或者在佛前悬挂幢幡、宝盖、帐幕等，以及燃油灯，或者替他读经，或者供养佛像及各位菩萨圣像，直至念佛、菩萨及辟支佛的名字，每一个名字，每个佛号，都要深入到临死人的耳根里去，使他们铭记在思想的深处。这一类的众生，按他们所造的恶业，计算起来必定会堕入地狱等恶道中去，但因为他们的眷属为他们修这么多种种福德，所以这样多的罪业，也都能完全消灭。如果更能替这死了的人在七七四十九天之内，广造各种善事，能令这类众生永远脱离地狱等恶道，能够往生到人道，或上升到天道去享受最美妙的快乐，那么作为他们在世的眷属，也会获得无数的利益。所以我现在对着佛世尊，以及天龙八部、人、非人等，劝告世间的众生，在临死之日，要小心谨慎，不要杀生害命，拜祭神和鬼怪，结下恶缘。为什么呢？你通过杀害生灵来拜祭鬼神，对于死者不会带来任何好处，只能结下罪缘，反而增加他们的恶业。即使未来生或现在生，能够得到佛菩萨的帮助，往生到人间或天上，也由于临死时他们的眷属杀生害命祭鬼神所造的恶因，使这死亡的人遭受连累，与被杀害的生灵质对辩论，耽误时日而延迟晚生善道之中，更何况这快要死亡的人在生时没有很少一点善根，根据他们本来的罪业，自当受恶道的报应，怎么能忍心让他们的眷属们为他们更增加罪业呢？譬如有个从远方来的人，已经有三天没吃饭了，他所担负的重物，超过百斤，忽然遇到了他的邻居，再给他们增加少量的东西，因为这个原故，反而增加了他的负担。世尊，我看这世间众生，只要能在佛教中做善事，甚至一根毫毛、一滴水、一粒沙、一点微尘那么一点善事，像这样利益，也完全归于自己所有。"

【经文】

说是语时，会中有一长者，名曰大辩，是长者久证无生①，化度十方，现长者身。合掌恭敬，问地藏菩萨言："大士，是南阎浮提众生，命终亡时，大小眷属为修功德，乃至设斋，造众善因，是命终人得大利益及解脱不？"地藏答言："我今为未来现在一切众生，承佛威力，略说是事。长者，未来现在诸众生等，临命终日，得闻一佛名，一菩萨名，一辟支佛名，不问有罪无罪，悉得解脱。若有男子女人，在生不修善因，多造众罪，命终之后，眷属小大为造福利，一切圣事，七分之中，而乃获一，六分功德，生者自利。以是之故，未来现在善男女等，闻健自修，分分已获，无常②大鬼，不期而到，冥冥游神，未知罪福。七七日内，如痴如聋，或在诸司，辩论业果，审定之后，据业受生。未测③之间，千万愁苦，何况堕于诸恶趣等。是命终人未得受生。在七七日内，念念之间，望诸骨肉眷属与造福力救拔。过是日后，随业受报。若是罪人，动经千百岁中，无解脱日；若是五无间罪，堕大地狱，千劫万劫，永受众苦。"

【注释】

① 无生：即佛教中的"无生法"，认为世界一切现象无生无灭，即无所谓生死，所谓生死是众生"虚妄分别的产物"。"无生"，亦即

"无灭",同等"涅槃"。

② 无常:佛教认为人生空虚无有一定,一切都为生死转灭,而非常永恒。此处亦指人死后成鬼。

③ 不测:指人快要死的时候。

【白话】

地藏菩萨在说这段话时,法会中有一位德高望重的长者,名字叫大辩,这位长者在很久以前,已证得无生法的果位,他化度各方众生,常显现出长者的身形。这时,他合掌恭敬地问地藏菩萨说:"大士,这些世间的众生,在死了以后,他的大小眷属为他修造功德,甚至设斋供养,造各种善因,这位死亡的人,能得到很大的利益甚至解脱吗?"地藏菩萨回答说:"长者,我今天就承蒙佛的威力,为未来和现在的所有众生,大略地说一说这件事:长者,未来和现在各类众生,临死亡时,只要能听到一位佛名,一位菩萨的名字,一位辟支佛名,不管他生前有罪无罪,都能得到解脱。如果有男子女人,在生前不修造善因,多做恶事,造了许多罪业,他在死亡之后,他的大小眷属为他修造福业做一切善事,这七分利益中的一分死者就能得到,而六分功德,活着的眷属自己就可以得到。因为这个缘故,未来和现在的善男信女们,如果能趁着自己身体健康的时候,多造福业,多做善事,那每一分利益都是自己直接得到。在死神突然到来的时候,让你在幽暗的阴间游走,自己不知道是罪是福。在七七四十九天之内,每时每刻都在盼望自己的骨肉亲属给他修造福德,用这功德力救拔自己。如果超过这个日子,就会按照自己生前所做的善业或恶业,受到善报或恶报。如果是有罪业的人,就会在千百年的岁月中,得不到解脱;如果犯下的是五无间大罪,就要堕入大地狱中,千劫万劫之中,永远遭受各种苦难。"

【经文】

复次长者:"如果罪业众生,命终之后,眷属骨肉,为修营斋,资助业道,未斋食竟,及营斋之次,米泔菜叶,不弃于地,乃至诸食未献佛僧,勿得先食;如有违食,及不精勤,是命终人了不得力;如精勤护净,奉献佛僧,是命终人七分获一。是故长者,阎浮提众生若能为其父母,乃至眷属,命终之后,设斋供养,志心勤恳,如是之人,存亡获利。"说是语时,忉利天宫有千万亿那由他阎浮鬼神,悉发无量菩提之心①。大辩长者作礼而退。

【注释】

① 菩提心:指佛心,即求觉悟的心。

【白话】

地藏菩萨又对大辩长者说:"像这样造罪业的众生,在死亡后,他的骨肉亲属们为他修福办理素斋供养佛僧,以帮助亡者增加善业,减轻恶业。假使斋食吃完以后,或者预备斋饭时,洗米的泔水、菜叶,都不要抛弃在地上,甚至各种食品在还未供佛、僧前,都不得先吃。如果不按以上规矩而自己先吃,或者不专精勤谨地去修功德,则这位死了的人,就得不到一点利益。如果能精心勤作,保持净洁,虔诚地奉献供养佛和僧,那么在七分功德之中,死者就能得到一分。所以,长者,世间众生如果能在他们的父母以及亲属死亡以后,办理斋食供养佛及僧人,诚心勤恳,这样的话,无论是活着的人,还是死亡了的人,都能获得利益。"地藏菩萨说这番话时,在忉利天宫中有千万亿无数世界的鬼神,都萌发了无限的佛心。大辩长者也就作礼退回原位。

阎罗王众赞叹品第八

【经文】

尔时铁围山内，有无量鬼王与阎罗天子①俱诣忉利，来到佛所。所谓恶毒鬼王、多恶鬼王、大诤鬼王、白虎鬼王、血虎鬼王、赤虎鬼王、散殃鬼王、飞身鬼王、电光鬼王、狼牙鬼王、千眼鬼王、啖兽鬼王、负石鬼王、主耗鬼王、主祸鬼王、主食鬼王、主财鬼王、主畜鬼王、主禽鬼王、主兽鬼王、主魅鬼王、主产鬼王、主命鬼王、主疾鬼王、主险鬼王、三目鬼王、四目鬼王、五目鬼王、祁利失王、大祁利失王、祁利叉王、大祁利叉王、阿那吒王、大阿那吒王，如是等大鬼王，各与千百小鬼王尽居阎浮提，各有所执，各有所主，与阎罗天子，承佛威神及地藏菩萨摩诃萨力，俱诣忉利，在一面立。

【注释】

① 阎罗天子：佛教传说中主宰阴间的统治者，有十殿阎君，每一殿都有所属的下属，即鬼王，每位鬼王掌管一件事。

【白话】

这时，在铁围山内，有无数个鬼王，与阎罗天子一起来到忉利天佛说法的道场，有所谓恶毒鬼王（以恶毒办法制伏恶毒众生的鬼王）、多恶鬼王（用许多恶法制伏作恶者）、大诤鬼王（善于争论的鬼王)、白虎鬼王、血虎鬼王、赤虎鬼王、散殃鬼王（专司世间不孝父母不敬师长者，在其家中散以灾祸，使其改恶向善)、飞身鬼王（飞行夜叉)、电光鬼王（目似电光能洞察人间善恶，赐予吉凶)、狼牙鬼王（凶兽)、千眼鬼王（能察透世间的一切善恶)、啖兽鬼王（能吞噬食人恶兽的鬼王)、负石鬼王（背石担沙，专门造利于人)、主耗鬼王（惩治浪费糟踏粮食等物者的鬼王)、主祸鬼王（使恶人家中频出灾祸，促其改恶向善)、主食鬼王（令行善者饮食充足)、主财鬼王（令行善者财物充盈，如有为富不仁之人，专令其多病多灾多不如意)、主畜鬼王（主管家畜)、主禽鬼王（主管飞禽)、主兽鬼王（主管野兽)、主魅鬼王（主管鬼怪)、主产鬼王（保佑积德行善者分娩顺利)、主命鬼王（主管众生生命)、主疾鬼王（主管众生疾病)、主险鬼王（主管为旅途遇险的众生提供保护)、三目鬼王、四目鬼王、五目鬼王、祁利失王（因其贪财，反而失败)、大祁利失王（因其极贪，而损失一切财富)、祁利叉王（因其有功德，故能招财进宝)、大祁利叉王、阿那吒王（八臂那吒，天中力士)、大阿那吒王，像这类大鬼王，各各与千百个小鬼王，都居住世间，各有他执掌的事情，各有他所管理的地方，这些鬼王与阎罗王，承蒙佛的威神，以及地藏菩萨的大愿力，全都来到忉利天宫，恭敬地站在一旁。

【经文】

尔时阎罗天子胡跪合掌，白佛言："世尊，我等今者与诸鬼王承佛威神，及地藏菩萨摩诃萨力，方得诣此忉利大会，亦是我等获善利故。我今有小疑事，敢问世尊，唯愿世尊慈悲宣说。"佛告阎罗天子："恣汝所问，吾为汝说。"是时阎罗天子瞻礼世尊，及回视地藏菩萨，而白佛言："世尊，我观地藏菩萨在六道中，百千方便，而度罪苦众生，不辞疲倦，是大菩萨有如是不可思议神通之事，然诸众生脱获罪报，未久之间，又堕恶道。世尊，是地藏菩萨既有如是不可思议神力，云何众生而不依止善道，永取解脱？惟愿世尊为我解说。"

【白话】

此时，阎罗天子一腿跪地，双手合掌，对佛说："我们现在和各位鬼王，承蒙佛的神威和地藏菩萨的大神通力量，才能到忉利天宫参加这个大会，这也是我们具有善利众生的原因。我现在有个小疑问，敢请教世尊，惟愿世尊发慈悲，为我们宣讲解说。"佛告诉阎罗天子："随便你问吧，我来替你解说。"此时，阎罗天子瞻仰礼拜世尊佛，并回过头来看看地藏菩萨，对佛说："世尊，我看地藏菩萨在六道轮回中，用尽种种方法，来引度有罪业而受苦的众生，不知疲倦，这菩萨竟有这么大的不可思议的神通之力。然而各个众生虽然获得脱离罪业，免受恶报，但时间不久，又做恶事堕入恶道。世尊，这地藏菩萨既然有这样不可思议的神力，为什么众生不肯依着善道去奉行、永远取得解脱罪报呢？请世尊替我解说解说。"

【经文】

佛告阎罗天子："南阎浮提众生，其性刚强，难调难伏，是大菩萨于百千劫，头头救拔，如是众生，早令解脱。是罪报人，乃至堕大恶趣，菩萨以方便力，拔出根本业缘①，而遣悟宿世之事，自是阎浮众生，结恶习重，旋出旋入，劳斯菩萨，久经劫数，而作度脱。譬如有人迷失本家，误入险道，其险道中，多诸夜叉及虎狼师子，蚖蛇蝮蝎，如是迷人在险道中，须臾之间，即遭诸毒。有一知识②，多解大术③，善禁是毒，乃及夜叉，诸恶毒等。忽逢迷人，欲进险道，而语之言：咄哉男子，为何事故，而入是路？有何异术，能制诸毒？是迷路人忽闻是语，方知险道，即便退步，求出此路。是善知识提携接手，引出险道，免诸恶毒，至于好道，令得安乐，而语之言：咄哉迷人，自今已后，勿履是道。此路入者，卒难得出，复损性命，是迷路人亦生感重。临别之时，知识又言：若见亲知④及诸路人，若男若女，言于此路多诸毒恶，丧失性命，无令是众，自取其死。是故地藏菩萨具大慈悲，救拔众生，欲生人天中，令受妙乐。是诸罪众，知业道苦，脱得出离，永不再历。如迷路人误入险道，遇善知识引接令出，永不复入；逢见他人，复劝莫入，自言因是迷故，得解脱竟，更不复入。若再履践，犹尚迷误，不觉旧曾所落险道，或致失命，如堕恶趣。地藏菩萨方便力故，使令解脱，生人天中，旋又再入，若业结重，永处地狱，无解脱时。"

【注释】

① 根本业缘：指依据众生所行善恶之事而结的业缘。
② 知识：即善于劝导众生改恶向善的大德高僧，亦称"善知识"。
③ 大术：大法术，有极大法力。
④ 亲知：亲眷及相识之人。

【白话】

佛对阎罗天子说："南阎浮提世间的众生，生性顽劣刚强，很难调伏教化，这位地藏大菩萨在成百上千劫中，一个个地去救拔这些众生，让他们早日得到解脱。可是仍有一些受罪业报应的人堕入大地狱受苦，地藏大菩萨便用各种方法，竭尽全力把他们从最根本的罪业中救拔出来，并使他们觉悟到前世所造的罪恶之事。只是世间的众生所造罪恶太多，积重难返，一会儿出离恶道，一会儿又堕入恶道，实有劳累这位地藏菩萨用很久劫的时间去度脱他们。譬如有个人迷失了回家的道路，并误入险恶的道路中，在那条险道中，有许多夜叉及虎、狼、狮子、蚖蛇、蝮蛇、毒蝎等，这个迷失归路的人，在这险恶的路上，随时都会遭受各种恶兽的毒害。这时，有一位善于劝化人的有知识的人，他具有种种高明的法术，善于禁制毒兽等，忽然碰到归路人将要走上危险的道路，就对他说：'啊呀，这位男子，你怎么要进入这危险的恶路呢？你有什么法术能制伏得了这些毒蛇猛兽呢？'这位迷路人忽然听到这句话，才意识到走错了路，急忙往后退，想离开这条危险的道路。这位善知识就拉着他的手，将他领出险道，使他免受毒虫猛兽的伤害，到达安全的地方，感到万分快乐。善知识又对他说：'糊涂的人啊，从今以后，再不要走这条路了，从这条路进去的人，最终都难以平安走出，白白丢掉了性命。'这位迷路者十分感激，临别时，善知识又说：'如果见到亲朋好友或其他行路人，不论是男是女，就要告诉他们这条路遍布毒虫恶兽，有性命危险，不要让这些人自投罗网。'所以地藏菩萨大慈大悲，一心救度众生，想让众生都往生到人天中，享受美妙的乐趣。这样一来，那些罪业深重的人，自知会堕落恶道受苦，所以一旦能够脱离，决不会重蹈覆辙。正像那位迷路人误入险道，遇到善知识引导而脱离险境，一定不会再涉足那条险道；不但自己不入，遇到别人，还要劝别人也不要进入。还说自己就曾误入这条险道，好不容易才脱离困境，以后再也不会重蹈覆辙了。如果再涉足险道，执迷不误，忘记了以前的危险经历，就有可能丢掉性命，无异于堕落恶道之中。假如凭借地藏菩萨的大慈大悲，而获得解脱，往生于人天中，可是不久又重新进入恶道，那么业报就会更加深重，永远处于地狱之中，再没有解脱的可能。"

【经文】

尔时恶毒鬼王合掌恭敬，白佛言："世尊，我等诸鬼王其数无量，在阎浮提，或利益人，或损害人，各各不同。然是业报，使我眷属游行世界，多恶少善。过人家庭，或城邑聚落，庄园房舍，或有男子女人，修毛发善事，乃至悬一幡一盖，少香少华，供养佛像及菩萨像，或转读尊经，烧香供养，一句一偈，我等鬼王，敬礼是人。如过去现在未来诸佛①，敕诸小鬼，各有大力及土地分，便令卫护，不令恶事横事、恶病横病，乃至不如意事，近于此舍等处，何况入门。"

【注释】

①过去现在未来诸佛：广义地说，指古往今来的一切佛；具体地说，过去佛为释迦牟尼以前的燃灯佛；现在佛即释迦牟尼佛；未来佛为至今尚未出世的弥勒佛。另一种说法是：过去佛是指东方净琉璃世界药师佛；现在佛是娑婆世界的释迦牟尼佛；未来佛是西方极乐世界的阿弥陀佛。还有的经典中把拘留孙佛、拘那含牟尼佛、迦叶波称为"过去三佛"。

【白话】

这时恶毒鬼王恭敬地合掌对佛说："世尊，我们许许多多鬼王，其数目无法计算，在这阎浮提世界内，有的去做有利于人的事，有的去干损害人的事，各不相同。然而众生所得业报，假如让我们的眷属到世界各地游行巡察，结果发现还是为恶的多，为善的少。这些游行的鬼王，经过世人的家庭，或是城邑、聚落、庄园、房舍等，如果看到有男人女人做了像一根毛发那么微少的善事，或是在佛堂悬挂一幡或一宝盖，或在佛和菩萨面前供奉少量的香及花，或者转读佛家经典，甚至烧香供养，诵读一句一偈经典。我们这些鬼王就会尊敬这个人，就像尊敬过去、现在、未来的佛祖一样。我们会敕令各个小鬼，他们都有很大的力量，他们和土地神一起，让他们保卫护佑这样的人家，不要让凶灾横祸重病等恶事，甚至不如意事，接近这个人的房舍处，更何况进入这家的大门呢？"

【经文】

佛赞鬼王："善哉善哉，汝等及与阎罗能如是拥护善男女等，吾亦告梵王帝释，令卫护汝。"说是语时，会中有一鬼王，名曰主命，白佛言："世尊，我本业缘，主阎浮人命，生时死时，我皆主之。在我本愿，甚欲利益，自是众生不会我意，致令生死俱不得安，何以故？是阎浮提人初生之时，不问男女，或欲生时，但作善事，增益舍宅，自令土地①，无量欢喜，拥护子母，得大安乐，利益眷属。或已生下，慎勿杀害，取诸鲜味，供给产母。及广聚眷属，饮酒食肉，歌乐弦管，能令子母不得安乐，何以故？是产难时，有无数恶鬼及魍魉精魅②，欲食腥血。是我早令舍宅土地灵，荷护子母，使令安乐，而得利益。如是之人，见安乐故，便合设福，答诸土地，翻为杀害，聚集眷属，以是之故，犯殃自受，子母俱损。"

【注释】

① 土地：指土地神，是古代神话中管理一小地面的神，古称"社神"。《孝经纬》载："社者，土地之神，土地阔不可尽祭，故封土为社，以报功也。"《通俗编·神鬼》："今凡社神，俱呼土地。"旧以"土地"为民众祭祀之神，以求年丰岁熟。道教亦奉此神。

② 魍魉精魅：指一切精怪小鬼。

【白话】

佛听完恶毒鬼王的这番话后，便赞叹道："好啊，好啊！你们和阎罗天子，能这样保护善男善女等人，我也告诉梵王和帝释，让他们来保护你们。"佛说这话时，集会中有一个鬼王，名字叫主命，他对佛说："我本依照着世人自做的业缘，主管世间人的生命，他们的生时和将死的时间，我都主管着。在我本来的心愿中，很想多给他们些利益，但是众生不能领会我的心意，结果使活着的人和要死的人都不得安乐。为什么呢？这是因为世间的人在刚刚生下的时候，不论是生男还是生女，有的在即将出生的时候，还能做一些善事，给家中增加一些利益，这样自然会使土地神十分欢喜，而保护孩子及其母亲，使他们得到极大快乐，给眷属们带来利益。或者已经生下婴儿，就要十分谨慎，不要杀生害命，用众生的鲜味来供给产妇吃，并且大请各位亲属，饮酒吃肉，管弦齐鸣，欢歌笑语，这样就会使孩子及其母亲都不得安宁。为什么呢？这是因为在产难时，有无数恶鬼及山妖水怪等，都想来吸食腥血，但我早就令家中的土地神来保护母子俩，使他们平安快乐而得到利益。像这样的人，因为他得到了平安和快乐，便应当广泛地做各种善事，来报答各位土地神，相反，他们却杀生害命，聚集眷属恣情畅饮作乐。因为这个缘故，就犯下了祸殃，自作自受，孩子和他的母亲都受到损害。"

【经文】

"又阎浮提临命终人,不问善恶,我欲令是命终之人,不落恶道。何况自修善根,增我力故。是阎浮提行善之人临命终时,亦有百千恶道鬼神,或变作父母,乃至诸眷属,引接亡人,令落恶道,何况本造恶者。世尊,如是阎浮提男子女人,临命终时,神识惛昧,不辨善恶,乃至眼耳,更无见闻。是诸眷属,当须设大供养,转读尊经,念佛菩萨名号。如是善缘,能令亡者离诸恶道,诸魔鬼神,悉皆退散。世尊,一切众生,临命终时,若得闻一佛名,一菩萨名,或大乘经典①,一句一偈,我观如是辈人,除五无间杀害之罪;小小恶业,合堕恶趣者,寻即解脱。"

【注释】

① 大乘经典:即佛教经典。佛教分大乘与小乘两派,大乘派重视利他,即利益大众,解脱大众,认为永无休止地利他,就是涅槃。又认为任何人都与众生有同体关系,故鼓励服务众生,号召尽一切学,以利众生。而小乘佛教只注重自身的解脱。

【白话】

"再者,在世间将要死去的人,不论他是行善行恶,我想让这临死之人不要堕入恶道里;何况他本来自己就修造善根,更增加了我誓愿的力量呢!这些在世间行善的人,临死时,也有成百上千的恶道鬼神,或变成他们的父母,以及他们的各位眷属,来诱惑引接亡人,使他们堕入恶道受苦,何况他本身就是造有恶业的人呢?世尊,像这些世间的男女临死时,神智昏昧不清,不能分辨善恶,甚至眼睛看不见,耳朵听不到。他们的眷属应当为他们设大斋，供养佛菩萨，并转读这部《地藏经》，念佛和地藏菩萨名号。如果有了这些善缘，就能够使死亡的人脱离各种恶道，各种魔、鬼、神全部都退避三舍。世尊，所有众生临死时，如果能听到一位佛的名字，一位菩萨的名字，或听到大乘佛教经典的一句话或一句偈语，我看这类人就能消除堕入无间地狱惨遭杀害的罪报；至于那些只犯有小小的恶业，应该堕入恶道之中的人们，也就立即得到解脱了。"

【经文】

佛告主命鬼王："汝大慈故，能发如是大愿，于生死中护诸众生，若未来世中，有男子女人，至生死时，汝莫退是愿，总令解脱，永得安乐。"鬼王白佛言："愿不有虑，我毕是形，念念拥护阎浮众生，生时死时，俱得安乐。但愿诸众生，于生死时，信受我语，无不解脱获大利益。"

【白话】

佛告诉主命鬼王："你这么大的慈悲，发这么大的誓愿，在众生的生死苦海中，能够保护各位众生。假如后世中，有男子女人到生死交替之时，你不要退这个愿力，要尽力让他们得到解脱，永远得到安乐。"鬼王对佛说："请你不要挂虑这件事，我当终生终世，时时刻刻保护世间的众生，使他们在生时和死时，都得到安乐。但愿各位众生在生时和死时，都能相信和接受我说的这些话，就没有不能解脱的，就都能获得很大的利益。"

【经文】

尔时佛告地藏菩萨："是大鬼王主命者，已曾经百千生，做大鬼王，于生死中，拥护众生，是大士慈悲愿故。现大鬼身，实非鬼也。却后过一百七十劫，当得成佛，号曰无相如来，劫名安乐。世界名净住，其佛寿命，不可计劫。地藏，是大鬼王其事如是，不可思议，所度天人，亦不可限量。"

【白话】

这时佛告诉地藏菩萨："这位主命大鬼王，已经历过百千生做大鬼王，在众生的生死中，保护众生，是这位大士慈悲愿力的缘故，化现成大鬼王的身体，其实他并不是鬼。从现在起，再过一百七十劫，他就能成佛，佛号叫做无相如来，劫名叫做安乐，世界的名字叫净住，这个佛的寿命是不可计量的。地藏，这位大鬼王的事情是这样的不可思议，他所度脱的天道和人道里的众生，也是多得不可计量。"

称佛名号品第九

【经文】

尔时地藏菩萨摩诃萨白佛言:"世尊,我今为未来众生演利益事,于生死中得大利益,唯愿世尊听我说之。"佛告地藏菩萨:"汝今欲兴慈悲,救拔一切罪苦六道众生,演不思议事,今正是时,唯当速说。吾即涅槃,使汝早毕是愿,吾亦无忧现在未来一切众生。"

【白话】

这时,地藏大菩萨对佛说:"世尊,我现在为未来世众生演说利益众生的事,使他们在生死之中,都能得到很大的利益,唯愿世尊你能听我来详细说说。"佛告诉地藏菩萨:"你现在想要兴起大慈大悲之心,为救拔罪苦六道里的一切众生,演说你的不可思议的办法,现在正是最适合的时候,请你赶快说呀,不然我就要涅槃了。我想帮助你,使你早日实现你的誓愿,我也就不再忧虑现在和未来的一切众生了。"

【经文】

地藏菩萨白佛言:"世尊,过去无量阿僧祇劫,有佛出世,号无边身如来,若有男子女人,闻是佛名,暂生恭敬,即得超越四十劫生死重罪,何况塑画形像,供养赞叹,其人获福无量无边;又于过去恒河沙劫,有佛出世,号宝性①如来,若有男子女人，闻是佛名，一弹指顷②，发心归依，是人于无上道③永不退转；又于过去，有佛出世，号波头摩胜如来④，若有善男子女人，闻是佛名，历于耳根，是人当得千返生于六欲天⑤中，何况志心称念；又于过去不可说不可说阿僧祇劫，有佛出世，号师子吼如来⑥，若有男子女人，闻是佛名，一念归依，是人得遇无量诸佛摩顶授记。"

【注释】

① 宝性：宝即珍宝，性即本性，其意是说诸佛如来和我们众生的本性都是十分宝贵的，而且是一样的。

② 一弹指顷：指很短时间，只有一弹指那么短的时间。

③ 无上道：又作无上正等正觉，"无上正等觉"、"无上正觉"，指无比完全的智慧、觉悟，亦指佛道。

④ 波头摩胜如来：汉译为红莲花佛。莲花有许多种颜色，红色最佳，所以又名胜义，莲叶千瓣，比喻千返，六欲不净，佛法如莲花一样，可以出污泥而不染。

⑤ 六欲天：指欲界的六重天：四天王天（东方持国天、西方广目天、南方增长天、北方多闻天）、忉利天（又名三十三天）、夜摩天、兜率天、乐变化天、他化自在天。

⑥ 师子吼如来：修得佛道后，在广大众生前演说佛法，唤醒群迷，正如狮子吼一般震醒人心。

【白话】

地藏菩萨对佛说："世尊，在过去无数个阿僧祇劫中，有一位佛出世，名号叫无边身如来。如果有男人女人闻了这位佛的名字，暂时能生出恭敬的心来，就能得到超过四十劫生死的重罪，更何况能塑画无边如来的形像，并供养赞叹这位佛呢？那么，这个人将会获得无量无边的福报。又在过去如恒河沙数量那么多的劫中，有一位佛出世，他的名号叫宝性如来。如果有男子女人听到这位佛的名字，在很短的一弹指时间内，发自内心地归依这位佛，这人对于无上的佛道就永远不会退转回俗道之中。又在过去有一位佛出世，他的佛号叫波头摩胜如来（红莲花佛），如果有男子女人听到这位佛的名字，佛若经历过他的耳根后，这个人当得到一千次地往返投生在六欲天中的好报应，何况他能诚心一意地称念这位佛的名号呢！又在过去多得无法说清的阿僧祇劫中，有一位佛出世，名字叫狮子吼如来。假如有男子女人听到这位佛的名字，起了归依他的心念，这个人就能得到无数多的佛给他摩顶授记。"

【经文】

"又于过去，有佛出世，号拘留孙佛①，若有男子女人，闻是佛名，志心瞻礼，或复赞叹，是人于贤劫千佛②会中，为大梵王，得授上记；又于过去，有佛出世，号毗婆尸③，若有男子女人，闻是佛名，永不堕恶道，常生人天，受胜妙乐；又于过去，无量无数恒河沙劫，有佛出世，号宝胜如来，若有男子女人，闻是佛名，毕竟不堕恶道，常在天上受胜妙乐；又于过去，有佛出世，号宝相如来，若有男子女人，闻是佛名，生恭敬心，是人不久得阿罗汉果④；又于过去无量阿僧祇劫，有佛出世，号袈裟幢如来，若有男子女人，闻是佛名者，超一百大劫生死之罪；又于过去，有佛出世，号大通山王如来，若有男子女人，闻是佛名者，是人得遇恒河沙佛，广为说法，必成菩提。"

【注释】

①拘留孙佛：为"过去七佛"之四，出世于此贤劫，亦称"拘楼孙佛"、"鸠楼孙佛"等，传说他举行过一次法会，弟子参加者达十万，其弟子主要有萨尼、毗楼等。

②贤劫千佛：贤劫，又译作颰劫簸。在宇宙从构成到毁灭的一劫中，分为四个阶段，贤劫是其中的一个阶段，即出现一千个佛（即"贤劫千佛"）的时程，现在即处在贤劫阶段。

③毗婆尸佛：为"过去七佛"之一，出世于过去九十一劫，亦称"胜观佛"等，传说他曾举行过三次法会，弟子云集，第一次达十六万，第二次十万，第三次八万，弟子主要有骞荼、提舍等。

④阿罗汉果：小乘佛教修行的"四双八辈"之四，包括阿罗汉向、阿罗汉果。前者正趋向证得"阿罗汉果"的修习者，后者指修得万行圆成，永远不再投胎转世而遭受生死轮回之苦的果位，后泛指"阿罗汉"为修得阿罗汉果位的人，简称"罗汉"。

【白话】

"又在过去有一位佛出世，他的名号叫拘留孙佛。如果有男子女人听到这位佛名，诚心瞻仰敬礼，或者再加以赞叹，这个人在贤劫千佛会里，则做大梵王，还会授得最高的记别。又在过去，有一位佛出世，佛名叫毗婆尸。如果有男子女人听到这位佛的名号，他就永远不会堕入地狱恶道，而会永远生在人界或天界，享受到最美好的快乐。又在过去无法计数多的恒河沙劫时，有一位佛出世，佛的名号叫宝胜如来。如果有男子女人听到这位佛的名号，就最终不堕入恶道受苦，而能常往生到天界享受最美好的安乐。又在过去有一位佛出世，他的名号叫宝相如来。假如有男子女人听到这位佛的名号，产生恭敬之心，这人不久之后就能证得阿罗汉果位。又在过去无数阿僧祇劫中，有位佛出世，名号叫袈裟幢如来。如果有男子女人，听到这位佛的名号，他就能超脱一百大劫的生死之罪。又在过去有位佛出世，名叫大通山王如来。如果有男子女人听到这位佛的名字，这个人就会遇到像恒河沙那么多的佛为他广说佛法，他将来必然能证得菩提的果位。"

【经文】

"又于过去，有净月佛、山王佛、智胜佛、净名王佛、智成就佛、无上佛、妙声佛、满月佛、月面佛，有如是等不可说佛。世尊，现在未来一切众生，若天若人，若男若女，但念得一佛名号，功德无量，何况多名。是众生等，生时死时，自得大利，终不堕恶道。若有临命终人，家中眷属，乃至一人，为是病人，高声念一佛名，是命终人除五无间罪，余业报等，悉得消灭，是五无间罪，虽至极重，动经亿劫，了不得出，承斯临命终时，他人为其称念佛名，于是罪中，亦渐消灭，何况众生自称自念，获福无量，灭无量罪。"

【白话】

"又在过去，有净月佛（一尘不染，随机应变，如水中月）、山王佛（佛之报身，高大如山）、智胜佛（其智慧胜过一切）、净名王佛（一切业障断尽，清净自然）、智成就佛（功德修成，智力成就）、无上佛（佛至高无上）、妙声佛（应机说法，圆妙声音，遍满十方，婉转悦耳）、满月佛（佛法如月圆满具足）、月面佛（佛脸如圆月），有这样一些无数的佛。世尊，现在未来的一切众生，无论是天上或人间，无论是男是女，只是能称念一位佛的名号，他的功德也是无量的，何况他称念许多佛的名号呢！这些众生，自己能得到很大利益，最终是不会堕入恶道中受苦的。假如有将要死亡的人，他家中的眷属，即使只有一个人，为这个将死的病人高声地念一声佛名，这个将死的人除了犯五无间大罪外，其余的业报等，都能全部消灭。这五无间罪，虽然极重，动辄需经过上亿个劫数，还不能出离苦海。凭着在临死时，别人为他称念佛名，就已使他的罪渐渐消去，更何况众生自己能够称名念佛呢！他所获得的福报将是不可估量的，并能消灭无数量的罪业。"

校量布施功德①缘品第十

【经文】

尔时地藏菩萨摩诃萨承佛威神,从座而起,胡跪合掌,白佛言:"世尊,我观业道众生,校量布施,有轻有重,有一生受福,有十生受福,有百生、千生受大福利者,是事云何?唯愿世尊为我说之。"尔时佛告地藏菩萨:"吾今于忉利天宫,一切众会,说阎浮提布施校量,功德轻重,汝当谛听,吾为汝说。"地藏白佛言:"我疑是事,愿乐欲闻。"

【注释】

①校量布施功德:校量,就是比较的意思。意即比较一下众生所做的布施,怎么样做布施才是真正的布施,才是真正发慈悲之心。布施为从迷界超升到解脱境地的六种修行方法(布施、持戒、忍辱、精进、禅定、智慧)的第一种,是救度众生的最主要因素,也是成佛重要的资助。

【白话】

这时,地藏大菩萨仰承佛的大威神力,即从座位上站起来,走到佛前,右膝着地跪着,合着掌对佛说:"世尊,我观看业道里的众生,比较他们所做的布施,有的轻,有的重,有的一生受福报,有的十生受福报,还有的百生、千生受到很大的福利报应,这是怎么一回事呢?请世尊为我说一说。"这时佛告诉地藏菩萨:"我现在在这忉利天宫的法会上,来说说世间众生的布施怎么比较其功德轻重的事,你应当集中精力仔细听,我来为你解说。"地藏菩萨回答佛说:"我对这件事有疑惑,很乐意聆听你的解说。"

【经文】

佛告地藏菩萨:"南阎浮提有诸国王、宰辅、大臣、大长者、大刹利、大婆罗门等,若遇最下贫穷,乃至癃残、瘖哑、聋痴、无目,如是种种不完具者,是大国王等,欲布施时,若能具大慈悲,下心含笑,亲手遍布施,或使人施,软言慰喻,是国王等所获福利,如布施百恒河沙佛功德之利,何以故?缘是国王等,于是最贫贱辈及不完具者,发大慈心,是故福利,有如此报,百千生中,常得七宝具足,何况衣食受用。"

【白话】

佛告诉地藏菩萨说:"在南阎浮提世间,无论哪一国的国王、宰相、大臣,或是大长者、有钱的王族刹帝利人及净行修道的大婆罗门人等,如果遇见最低下贫穷的人,甚至癃(手脚不灵、衰弱多病)残、哑、聋子、傻子、瞎子,像这样一些有种种残疾、身体不完备的人,这些大国王等人想要布施时,如果能以慈悲之心,放下自己尊贵的身份,面带笑容,亲自遍行布施,或者派别人代为布施,并用温柔体贴的言语去安慰这些贫穷之人。这些国王等人所获得的福报利益,就好像布施了上百条恒河沙那么多的佛所获功德的利益。为什么呢?因为这些国王等人,对于最卑微贫贱的人及五体残缺不全的人发出大慈悲心来布施,所以才能获得这么大的福报。在他们百千生中,都能得到各种宝物,更何况布施衣服、饮食等,自然受用不尽了。"

【经文】

复次地藏:"若未来世,有诸国王,至婆罗门等,遇佛塔寺,或佛形像,乃至菩萨、声闻、辟支佛像,躬身营办,供养布施,是国王等,当得三劫为帝释身,受胜妙乐;若能以此布施福利,回向法界,是大国王等,于十劫中,常为大梵天王。"

【白话】

佛又对地藏菩萨说:"如果后世有各国的国王,以及婆罗门等人,遇到佛的塔寺,或者佛的形像,甚至菩萨、声闻、辟支佛像等,如果能亲自去操办供养布施,这些国王等人,就会得到三劫成为天帝释而受到最美好的快乐的报应;如果能将这些布施的福德利益,不占为自有,而是反过来再布施给佛教有情众生,那么这些国王等人就能在十劫之中,常做大梵天王。"

【经文】

复次地藏:"若未来世,有诸国王,至婆罗门等,遇先佛塔庙,或至经像,毁坏破落,乃能发心修补,是国王等,或自营办,或劝他人,乃至百千人等,布施结缘,是国王等,百千生中,常为转轮王身;如是他人,同布施者,百千生中,常为小国王身;更能于塔庙前发回向心,如是国王,乃及诸人,尽成佛道,以此果报,无量无边。"

【白话】

佛又对地藏菩萨说:"假如未来世界中,有各国国王,以至婆罗门等人,遇到前人所建造的佛塔佛庙,或者佛经佛像,年代久远已经毁坏破落了，如果能下决心修补，这些国王等人，或自己补修营办，或者劝告别人去修补，甚至于劝化千百人一起布施，结善缘而修补佛塔、佛庙、佛经、佛像。这些国王等人，在百千生世之中，就常常做转轮王；像那些同他一起布施补修佛塔庙经像的人，在百千世中常做小国的国王。如果更能在塔庙前，把修补佛庙塔经像的功德布施给佛家有情众生，像这样的国王和所有的人。就都能成佛，因为这功德的果报是无量无边的。"

【经文】

复次地藏："未来世中，有诸国王及婆罗门等，见诸老病及生产妇女，若一念间，具大慈心，布施医药、饮食、卧具，使令安乐，如是福利，最不思议，一百劫中，常为净居天主；二百劫中，常为六欲天主，毕竟成佛，永不堕恶道；乃至百千生中，耳不闻苦声。"

【白话】

佛又对地藏菩萨说："在未来世界中，如果有各国的国王和婆罗门等人，见到一些老人、有病的人，以及将要生产的妇女，如果能在一念之间，萌发慈悲之心，向他们布施医药、饮食、被褥卧具等，使他们得到安乐。像这样的布施的福德利益是最大的，大得不可思议。他们就会在一百劫中常往生为净居天的天主，在二百劫中常往生为六欲天的天主，最后直到成佛，永远不堕入恶道中受苦，甚至在成百上千世中，耳中听不到丝毫苦恼的声音。"

【经文】

复次地藏："若未来世中，有诸国王及婆罗门等，能作如是布施，获福无量，更能回向，不问多少，毕竟成佛，何况释、梵、转轮之报。是故地藏，普劝众生，当如是学。"

【白话】

佛又告诉地藏菩萨："假如未来世中，有各国国王及婆罗门等人，能做这样的布施，他所获得的福德利益，是无量无边的；如果能将福德利益再反馈给众生，不论多少，最终他定会成佛，何况成为帝释天、梵天王、转轮王的果报呢！所以，地藏菩萨，你应该普遍地劝化众生，去学习模仿这种布施的方法。"

【经文】

复次地藏："未来世中，若善男子、善女人，于佛法中，种少善根，毛发沙尘等许，所受福利，不可为喻。"复次地藏："未来世中，若有善男子、善女人，遇佛形像、菩萨形像、辟支佛形像、转轮王形像，布施供养，得无量福，常在人天，受胜妙乐；若能回向法界，是人福利，不可为喻。"

【白话】

佛又对地藏菩萨说："在未来世中，如果有善男善女，在佛法之中，种下了一点善根，小得就像头发、沙子、灰尘那么大，而他所受的福报也是很大的，大得没法比喻。"佛又告诉地藏菩萨："在未来世中，如果有善男善女，遇到佛像、菩萨像、辟支佛像、转轮王的形像，能够布施供养，就能得到无数的福报，经常生在人间、天上享受到最美妙的快乐；如果他再能将所受的福报回向法界众生，那么这个人的功德利益更是大得无法比喻。"

【经文】

复次地藏："未来世中，若有善男子、善女人，遇大乘经典，或听闻一偈一句，发殷重心，赞叹恭敬，布施供养，是人获大果报，无量无边；若能回向法界，其福不可为喻。"复次地藏："若未来世中，有善男子、善女人，遇佛塔寺、大乘经典①，新者，布施供养，瞻礼赞叹，恭敬合掌；若遇故者，或毁坏者，修补营理，或独发心，或劝多人，同共发心，如是等辈，三十生中，常为诸小国王，檀越②之人，常为轮王，还以善法，教化诸小国王。"

【注释】

① 大乘经典：指大乘佛教经典。
② 檀越：施主。

【白话】

佛又向地藏菩萨说："在未来世中，如果有善男善女，遇到大乘佛教经典，或听到别人说佛典的一句偈词，一句经文，能发自内心地殷勤，赞叹、恭敬尊重这些经典，并能布施供养出资印经，这人将会获得极大的果报，其功德无量无边；如果再能将这获得的功德利益回向到法界众生，他所获的福报更是大得无法比喻。"佛又告诉地藏菩萨："如果未来世中，有善男善女，遇到佛的塔寺、大乘佛教经典，如果见是新的，他能够布施供养，瞻仰礼拜，称扬赞叹，恭敬地合掌膜拜；如果是破旧的，或已经毁坏了的，能够修补整理，即修补佛寺佛塔，修复或重新印刷复制佛经。或者独自一人发心出资修补，或者劝导许多人共同发心修补。像这样的人，在三十生中常往生为各国的小国王；如果是布施的人，常往生为转轮王，还会用好办法去教化各小国的国王。"

【经文】

复次地藏:"未来世中,若有善男子、善女人,于佛法中所种善根,或布施供养,或修补塔寺,或装理经典,乃至一毛一尘,一沙一渧,如是善事,但能回向法界,是人功德,百千生中,受上妙乐;如但回向自家眷属,或自身利益,如是之果,即三生受乐,舍一得万报。是故地藏,布施因缘,其事如是。"

【白话】

佛又向地藏菩萨说:"在未来世中,如果有善男善女,在佛法中所种植下的善根,或者是布施供养佛法,或者是修补塔寺,或者是装裱整理佛教经典,甚至只是一根毛、一微尘、一粒沙、一滴水那么一点小善事,只要能将这善事的福报再回向法界众生,这人的功德,成百上千生中会享受到最美妙的快乐;如果只是将福报回向自家的眷属,或自身的利益,这样的果报,就是三世享受安乐。所以如果能舍得一份果报,则能获得万倍的果报。所以地藏菩萨啊,布施的奇妙因缘,就体现在这些方面。"

地神护法品第十一

【经文】

尔时坚牢地神白佛言:"世尊,我从昔来,瞻视顶礼无量菩萨摩诃萨,皆是大不可思议神通智慧,广度众生。是地藏菩萨摩诃萨,于诸菩萨,誓愿深重。世尊,是地藏菩萨于阎浮提有大因缘,如文殊、普贤、观音、弥勒,亦化百千身形,度于六道,其愿尚有毕竟。是地藏菩萨,教化六道一切众生,所发誓愿劫数,如千百亿恒河沙。世尊,我观未来及现在众生,于所住处,于南方清洁之地,以土石竹木作其龛室,是中能塑画,乃至金银铜铁作地藏形像,烧香供养,瞻礼赞叹,是人居处,即得十种利益。何等为十?一者土地丰壤,二者家宅永安,三者先亡生天,四者现存益寿,五者所求遂意,六者无水火灾,七者虚耗辟除,八者杜绝恶梦,九者出入神护,十者多遇圣因。世尊,未来世中,及现在众生,若能于所住处方面,作如是供养,得如是利益。"

【白话】

此时,坚牢地神对佛说:"世尊,我从往昔以来,瞻仰观察顶礼过无数的菩萨、大菩萨,他们都有很大的不可思议的神通智慧,广泛地度拔众生出离苦难,可是这地藏菩萨的愿力比其他菩萨更为深重。世尊,这位地藏菩萨,与阎浮提世间众生有着特别深厚的大因缘，像文殊、普贤、观音、弥勒这四位大菩萨，他们也化现为成百上千种身形，来广度在六道中轮回的众生，他们的愿力最后还有实现的时候，而这位地藏菩萨教化六道一切众生，他所发的誓愿的劫数，就好像千百亿条恒河的沙子一样多。世尊，我看未来及现在的一切众生，在他们所住的地方，于朝南方向的清洁的位置，用土、石、竹、木为原料做一个龛座，在当中塑画地藏菩萨宝像，甚至用金、银、铜、铁来铸造地藏菩萨宝像，并对他烧香供养，瞻仰礼拜称赞，那么这人住的地方，就得能到十种好处，有哪十种呢？第一，他所住的土地变得肥沃富饶，五谷丰收；第二，家中大小眷属永远平安无事；第三，已经亡故的先人们可以早日超生在天上；第四，现在活着的人都能增长寿命；第五，所求的事均能遂心如意地实现；第六，没有水灾火灾等灾难；第七，一切惊恐不如意的事都能消除；第八，杜绝恶梦；第九，出入起居平安，有神灵护卫；第十，能经常遇到一些殊胜的圣德因果。世尊，在未来以及现在的一切众生中，如果能够在他们所住的地方，做前面所说的各种供养，就能获得这十种利益。"

【经文】

复白佛言："世尊，未来世中，若有善男子、善女人，于所住处，有此经典及菩萨像，是人更能转读经典，供养菩萨，我常日夜以本神力，卫护是人，乃至水火盗贼，大横小横，一切恶事，悉皆消灭。"

【白话】

坚牢地神又对佛说："世尊，在未来世中，假使有善男善女，在所住的地方，如果有《地藏本愿经》及地藏菩萨的宝像，这个人还能读诵这部经典，供养地藏菩萨宝像，那么我便在日夜间常用我本人的神通力量，来保护这个人，甚至水灾、火灾、盗贼等大小祸事、一切恶事，都能够替他消灭。"

【经文】

佛告坚牢地神："汝大神力，诸神少及，何以故？阎浮提土地，悉蒙汝护，乃至草木、砂石、稻、麻、竹、苇、谷、米、宝贝，从地而有，皆因汝力，又当称扬地藏菩萨利益之事，汝之功德，及以神通，百千倍于常分地神。若未来世中，有善男子、善女人，供养菩萨，及转读是经，但依《地藏本愿经》一事修行者，汝以本神力而拥护之，勿令一切灾害及不如意事辄闻于耳，何况令受？非但汝独护是人故，亦有释梵眷属、诸天眷属，拥护是人，何故得如是圣贤拥护？皆由瞻礼地藏形像，及转读是《本愿经》故，自然毕竟出离苦海，证涅槃乐。以是之故，得大拥护。"

【白话】

佛告诉坚牢地神："像你这样大的神通力量，其他的各位神很少有能比得上的。为什么呢？因为南阎浮提世间的所有土地，都是受你的保护，甚至土地上的一草一木，一沙一石，还有稻、麻、竹、苇、谷米、宝贝等一切东西，都是从土地中生出来的，这些都是因有你的神通力的保护才有的。你又能称赞颂扬地藏菩萨所做的功德利益的事，因此，你的功德，以及你的神通，是比普通地神要高出百千倍。如果未来世界中，有善男善女，供养地藏菩萨，以及转读这部《地藏本愿经》，并能依照《地藏本愿经》里的每件事来修行的人，你都要用你本有的神通力去支持他，拥护他，保护他，不要使一切灾害以及不如意的事经常在他耳边出现，更何况听他亲自去经受这些灾难呢？不但你要保护这些人，还有帝释天王、梵天王眷属，各位天神的眷属等，都来拥戴保护这些人。这些人为什么能够得到这么多的圣贤来卫护呢？都是因为他瞻仰礼拜地藏菩萨宝像，以及拜读了这部《本愿经》的缘故。这些众生自然而然最后能得到脱离苦海，证得涅槃无生无死的快乐。就因为这些缘故，他们就能获得这么大的保护。"

见闻利益①品第十二

【经文】

尔时世尊从顶门上放百千亿大毫相光,所谓白毫相光②、大白毫相光、瑞毫相光③、大瑞毫相光、玉毫相光④、大玉毫相光、紫毫相光⑤、大紫毫相光、青毫相光⑥、大青毫相光、碧毫相光⑦、大碧毫相光、红毫相光⑧、大红毫相光、绿毫相光⑨、大绿毫相光、金毫相光⑩、大金毫相光、庆云毫相光⑪、大庆云毫相光、千轮毫光⑫、大千轮毫光、宝轮毫光⑬、大宝轮毫光、日轮毫光⑭、大日轮毫光、月轮毫光⑮、大月轮毫光、宫殿毫光⑯、大宫殿毫光、海云毫光⑰、大海云毫光。于顶门上放如是等毫光已,出微妙音,告诸大众、天龙八部、人、非人⑱等:"听吾今日于忉利天宫,称扬赞叹地藏菩萨,于人天中利益等事、不思议事、超圣因事、证十地事⑲、毕竟不退阿耨多罗三藐三菩提事。"

【注释】

① 见闻利益:指见到地藏菩萨形像、听到诵读《地藏本愿经》后所获得的利益。

② 白毫相光:佛头顶上有若干发髻,能发出若干种瑞光。各有不同的寓意及作用。白色为最纯洁之色,凡人能依教修行者,犹如去黑还白,抛除污染,返璞归真,变得纯洁可爱。

③瑞毫相光：吉祥之光，喻众生若依经修持，即能超凡证佛，得到吉祥。

④玉毫相光：喻众生受佛法熏陶，犹如玉石经过琢磨雕饰而能成大器。

⑤紫毫相光：紫色黑赤相杂，喻杂类众生，心意虽异，若能依本经修持，皆能获得同等福报利益。

⑥青毫相光：青色象征春天景色，喻地狱内黑业众生，若能获闻本经，能如春天百草复苏之状。

⑦碧毫相光：碧色深青，如石之青美，喻地狱众生，得闻此经，即得生气，能得到天堂的安乐。

⑧红毫相光：红色如火，喻众生若能依此经修行，虽处如火宅般的恶世，也能解脱红尘之缚，得自由自在之安乐。

⑨绿毫相光：碧绿之色，喻众生解脱红尘之缚，则湛然性净，如碧绿一潭清水，清洁可爱而纯真。

⑩金毫相光：金黄之色，久埋不变，喻地狱饿鬼畜生众生，虽久处恶道，佛性不变，闻读此经，亦能再唤回佛性，脱离恶道。

⑪庆云毫相光：五彩色的庆云，喻众生如能依此经修持，将与佛相接近，亦可得到佛的五彩色照耀而美好无比。

⑫千轮毫光：喻众生只要一心向佛，即能如千轮圆转，无阻无碍。

⑬宝轮毫光：亦喻众生向佛，更能如佛家宝轮，圆转无碍。

⑭日轮毫光：喻光明磊落，遍照无私，日光普照，无憎无爱，深浅悉照；众生恶业，如朝露见日，转瞬即逝。

⑮月轮毫光：月光沁人心脾，清凉感人，能熄灭众生热念烦恼。

⑯宫殿毫光：宫殿乃尊贵之所，庄严之地，喻众生若依此经修行，乃得渐入佛家尊贵庄严境地。

⑰海云毫光：海云无边无际，喻佛于众生如海之无边，如云之遍覆，普天下众生，均能获得佛的福佑。

⑱ 非人：指世间有情众生中除过人以外的众生，如禽兽、草木等。

⑲ 证十地事：指菩萨在修行过程中必须经过的十个阶位（阶段），为五十二阶位中第四十一阶位至五十阶位，经过"十地"修习，菩萨才能不受烦恼的困惑和扰乱，具备成佛的可能。再经过第五十一阶位"等觉"、第五十二阶位"妙觉"，最后成佛。对"十地"的解释，各派名称不同，大乘佛教"十地"名称是：欢喜地、净地、明地、焰慧地、难胜地、现前地、远行地、不动地、善慧地、法云地。

【白话】

这时，佛从他的头顶上放出百千万亿道的毫光瑞相，所谓白毫相光、大白毫相光、瑞毫相光、大瑞毫相光、玉毫相光、大玉毫相光、紫毫相光、大紫毫相光、青毫相光、大青毫相光、碧毫相光、大碧毫相光、红毫相光、大红毫相光、绿毫相光、大绿毫相光、金毫相光、大金毫相光、庆云毫相光、大庆云毫相光、千轮相光、大千轮相光、宝轮相光、大宝轮相光、日轮相光、大日轮相光、月轮相光、大月轮相光、宫殿相光、大宫殿相光、海云相光、大海云相光。佛从他的头顶上放出这许许多多道毫光相之后，又发出微妙的声音，告诉诸位天神大众、天龙八部（即天、龙、夜叉、乾闼婆、阿修罗、迦楼罗、紧那罗、摩罗伽等佛教护法神）、人以及非人类的一切众生："你们听我今天在忉利天宫称扬赞叹地藏菩萨在人道和天道中，为众生造种种利益的事，如分身集会等等不可思议的事，称扬名号超出凡俗进入圣因的事，证得'十地'果位的事，最终不退转佛性的事等等。"

【经文】

说是语时，会中有一菩萨摩诃萨，各观世音①，从座而起，胡跪合掌，白佛言："世尊，是地藏菩萨摩诃萨具大慈悲，怜悯罪苦众生，于千万亿世界，化千万亿身，所有功德，及不思议威神之力，我闻世尊与十方无量诸佛异口同音，赞叹地藏菩萨云，正使过去、现在、未来诸佛，说其功德，犹不能尽；向者又蒙世尊普告大众，欲称扬地藏利益等事，唯愿世尊为现在、未来一切众生，称扬地藏不思议事，令天龙八部瞻礼获福。"

【注释】

①观世音：佛教菩萨，音译阿缚卢枳低湿伐罗，是以慈悲救苦为本愿的菩萨，又作光世音菩萨、观自在菩萨、观世自在菩萨、现音声菩萨、闚音菩萨，略称观音菩萨，别称救世菩萨、莲花手菩萨、圆通大士。与大势至菩萨同为西方极乐世界阿弥陀佛的胁侍，合称西方三圣。凡遇难众生称念其名号，菩萨即时观其声音前往拯救，故称观音菩萨。世传佛教中观世音菩萨因其应化万方，故呈现颇多变相，以二臂的正观音为其本形，余皆为其示现神变的化身之相，或男或女，或多臂、多目、多头，或手持多种法器，随缘示相，随缘普度。

【白话】

佛正在说这段话的时候，法会中有一位大菩萨，名字叫观世音，从佛座中站起，右膝跪地，恭敬地合着双掌对佛说："世尊，这个地藏大菩萨具备极大慈悲之心，怜悯罪苦众生，在千万亿世界之中，变化出千万亿化身，他真有不可思议的大功德和神力，我听世尊和各方无数多的佛都异口同声地赞叹地藏菩萨，即使过去、现在、未来所有的佛都来说他的功德，还说不完。前面又承蒙世尊遍告大众，要称赞宣扬地藏菩萨给众生造利益的事，现在惟一希望世尊能为现在和未来的一切众生，称赞宣扬地藏菩萨不可思议的利益功德之事，以便让天龙八部护法诸神能瞻仰礼拜地藏菩萨，而获得福报利益。"

【经文】

佛告观世音菩萨："汝于娑婆世界，有大因缘，若天若龙，若男若女，若神若鬼，乃至六道罪苦众生，闻汝名者，见汝形者，恋慕汝者，赞叹汝者，是诸众生于无上道①，必不退转，常生人天②，具受妙乐，因果将熟，遇佛授记。汝今具大慈悲，怜悯众生，及天龙八部，听吾宣说地藏菩萨不思议利益之事，汝当谛听，吾今说之。"观世音言："唯然，世尊，愿乐欲闻。"

【注释】

① 无上道：即至高无上的佛家境地。
② 人天：即六道轮回中的人道和天道。

【白话】

佛告诉观世音菩萨："你对这俗世间有很大的因缘，如果天界诸神、龙众，或者男众，或者女众，或神或鬼，以至于在六道中轮回的罪苦众生，只要听到你的名字，见到你的形像，爱恋钦慕敬仰你、赞叹你的这些众生，对于佛法这至高无上的正道，必然永远不会产生怀疑退转之心，还可以往生到人道或天道去享受极大的快乐，等到因果将要成熟的时候，便会遇到佛来接引，为其授记。你现在已经具备了这么大的慈悲之心，怜悯同情众生，以及天龙八部，听我宣说地藏菩萨不可思议的功德利益的事，你应当细心聆听，我现在就为你讲说。"观世音菩萨说："是的，世尊，我高兴地想听你说说。"

【经文】

佛告观世音菩萨："未来现在诸世界中，有天人受天福尽，有五衰相①现，或有堕于恶道之者，如是天人，若男若女，当现相时，或见地藏菩萨形像。或闻地藏菩萨名，一瞻一礼，是诸天人，转增天福。受大快乐，永不堕三恶道报，何况见闻菩萨，以诸香华、衣服、饮食、宝贝、璎珞②布施供养，所获功德福利，无量无边。"

【注释】

① 五衰相：为天人去世时所显示出的五种死相。有小大两种。小五衰相为：（1）口出恶声；（2）身有微味；（3）浴水着身；（4）着境不舍；（5）身虚眼瞬。出现小五衰相时，如不速至诚礼佛，求消业增福，就会出现大五衰相，此时，一切皆晚，当天人福尽气消，就要受随业轮回的果报。大五衰相是：（1）头上花萎；（2）衣裳秽污；（3）体生臭气；（4）腋下汗出；（5）不乐本座（坐立不安）。

② 璎珞：用线穿玉珠或玛瑙而成的颈饰，一般用于佛像的装饰。

【白话】

佛告诉观世音菩萨："在未来和现在的各个世界中，如果有天上的人，天福享受尽了，就要显现出五种衰相，甚至有的还要堕入恶道去受苦，像这样的天人，无论是男是女，当出现五衰相时，如果能见到地藏菩萨的形像，或是听到地藏菩萨的名号，能够一瞻仰，一礼拜，这些天人，就能转增他们的天福，受到极大的快乐，而且永不堕入地狱、饿鬼、畜生这三恶道去受苦。更何况见到地藏菩萨，听到他的名号后，能够用各种香花、衣服、饮食、宝贝、璎珞等物布施供养地藏菩萨，那么，这种天人所获得的功德福报利益，则是无量无边的了。"

【经文】

复次观世音："若未来现在诸世界中，六道众生临命终时，得闻地藏菩萨名，一声历耳根者，是诸众生，永不历三恶道苦，何况临命终时，父母眷属，将是命终人舍宅、财物、宝贝、衣服，塑画地藏形像。或使病人未终之时，眼耳见闻，知道眷属将舍宅、宝贝等为其自身塑画地藏菩萨形像，是人若是业报合受重病者，承斯功德，寻即除愈，寿命增益；是人若是业报命尽，应有一切罪障业障，合堕恶趣者，承斯功德，命终之后，即生人天，受胜妙乐。一切罪障，悉皆消灭。"

【白话】

佛又对观世音菩萨说："如有在未来和现在各个世界中，轮回在六道里的众生在临死时，能听到地藏菩萨的名号，只要有一声历历分明地入到他的耳朵深处，那么这个众生，就永远不堕入地狱、饿鬼、畜生这三恶道中去受苦。更何况他临死时，他的父母等眷属能将临死的人的所有房屋、财物、珍宝、衣服等变卖了而塑画地藏菩萨形像呢！或者病人在未死的时候，亲眼见到、亲耳听到，知道他的眷属把房屋、宝贝等物变卖，为他自身的福报而塑画地藏菩萨形像，这个人如果是本身的业报应当受到重病的报应的，承蒙这种功德之力，他的重病马上就会痊愈，而且能增加寿命；如果这个人的业报应当命终而死，根据他所有的一切罪障业障，本该堕入地狱等恶道的，也会承蒙这些功德，在死之后，立即往生到天上，受到最大的安乐，他的一切罪障，也都全部消除。"

【经文】

复次观世音菩萨："若未来世，有男子女人，或乳哺时，或三岁、五岁、十岁已下，亡失父母，乃及亡失兄弟姊妹，是人年既长大，思忆父母，及诸眷属，不知落在何趣，生何世界，生何天中。是人若能塑画地藏菩萨形像，乃至闻名，一瞻一礼，一日至七日，莫退初心，闻名见形，瞻礼供养。是人眷属，假因业故，堕恶趣者，计当劫数，承斯男女兄弟姊妹，塑画地藏形像，瞻礼功德，寻即解脱，生人天中，受胜妙乐；是人眷属，如有福力，已生人天，受胜妙乐者，即承斯功德，转增圣因，受无量乐；是人更能三七日中，一心瞻礼地藏形像，念其名字，满于万遍，当得菩萨，现无边身，具告是人眷属生界，或于梦中，菩萨现大神力，亲领是人，于诸世界，见诸眷属。更能每日念菩萨名千遍，至于千日，是人当得菩萨遣所在土地鬼神，终身卫护，现世衣食丰溢，无诸疾苦，乃至横事，不入其门，何况及身，是人毕竟得菩萨摩顶受记。"

【白话】

佛又对观世音菩萨说："如果未来世界中，有男子女人，或者是在哺乳期间，或者是三岁、五岁、十岁以下，父母死亡，甚至兄弟姐妹死亡，这人长大之后，思念他的父母和各位眷属，不知道堕落在哪一道里，往生到哪个世界之中，生在哪一层天道之中。这个人如果能塑画地藏菩萨形像，甚至听到地藏菩萨的名字,一瞻仰,一礼拜,从一日到七日之间,都不要退转初发的一念真心;或听见地藏菩萨的名字,见到他的形象,能够瞻仰礼拜,甚至供养,这人死去的眷属,假如因他们自身的恶业而堕入恶道,本应当在地狱等恶道里,受若干劫的苦难,这时也会承借这人为其父母、兄弟、姐妹而塑画地藏菩萨形像、瞻仰礼拜菩萨的功德,立即得以解脱地狱罪报的苦难,而往生到天上,受到极大的快乐,这人的家属如果本有福德的力量,已经往生到了人道或天道中,正在受着极大的快乐,就会仰承这人所做的功德,又转增圣因,更加享受无边无尽的安乐。这个人如果更能够在三七二十一天之内,一心一意瞻仰礼拜地藏菩萨形像,并称念他的名号,念满一万遍,就能看到地藏菩萨现出广大无边的身形,来告知这个人死去的亲眷们所往生的地方,或者在睡梦中,地藏菩萨现出巨大的神力,亲自领着这人,到各个世界中去看望他的各位眷属。如果这人更能每天诵念地藏菩萨名号一千遍,一直坚持到一千日,这个人就能得到地藏菩萨派遣当地的土地神的终生保护,在现世能够衣食充足有余,没有各种疾病,甚至各种灾祸横事从不进入家门,何况殃及到他身上呢!这人最终可以得到地藏菩萨来为他摩顶授记,修成佛道。"

【经文】

复次观世音菩萨:"若未来世,有善男子、善女人,欲发广大慈心,救度一切众生者,欲修无上菩提者,欲出离三界者,是诸人等见地藏形像及闻名者,至心归依,或以香华、衣服、宝贝、饮食供养瞻礼,是善男女等,所愿速成,永无障碍。"

【白话】

佛又对观世音菩萨说:"如果在未来的世界中,有善男善女,想发广大的慈悲心来救度一切受苦众生,想要修得无比完全正确的智慧觉悟,想要脱离这世俗世界之苦,这些人见了地藏菩萨的形像,以及听到他的名号,能诚心诚意地归依地藏菩萨,或者用香花、衣服、宝贝、饮食等物,供养瞻仰礼拜地藏菩萨,这些善男善女等人所发的心愿就能很快实现,永远没有障碍了。"

【经文】

复次观世音:"若未来世,有善男子、善女人,欲求现在、未来百千万亿等愿,百千万亿等事,但当归依瞻礼供养赞叹地藏菩萨形像,如是所愿所求,悉皆成就。复愿地藏菩萨具大慈悲,永拥护我,是人于睡梦中即得菩萨摩顶授记。"

【白话】

佛又对观世音菩萨说:"如果在未来世中,有善男善女,想求实现他现在及以后的千万亿种心愿,做完他千万亿件事情,只要他一心归依、瞻仰、礼拜、供养、赞叹地藏菩萨的形像,这样,他所求的心愿和事情,都能实现。假如他又希望地藏菩萨发大慈悲之心,永远拥戴保护自己,这人就会在睡梦中,便能得到菩萨来给他摩顶授记,告诉他成佛的事。"

【经文】

复次观世音菩萨:"若未来世,善男子、善女人于大乘经典,深生珍重,发不思议心,欲读欲诵,纵遇明师,教视令熟,旋得旋忘,动经年月,不能读诵,是善男子等有宿业障,未得消除，故于大乘经典，无读诵性。如是之人，闻地藏菩萨名，见地藏菩萨像，具以本心恭敬陈白，更以香华、衣服、饮食、一切玩具供养菩萨，以净水一盏，经一日一夜安菩萨前，然后合掌请服，回首向南，临入口时，至心郑重，服水既毕，慎五辛①、酒肉、邪淫、妄语及诸杀害。一七日，或三七日，是善男子，善女人，于睡梦中具见地藏菩萨，现无边身，于是人处授灌顶水，其人梦觉，即获聪明，应是经典，一历耳根，即当永记，更不忘失一句一偈。"

【注释】

①五辛：五种带有辛辣味的蔬菜：大蒜、茖葱、慈葱、兰葱、兴渠。

【白话】

佛又对观世音菩萨说："假如未来世界中，有善男善女，对于大乘佛教经典，能深深产生珍重之心，产生不可思议的巨大毅力，想来诵读它。虽然也遇到了高明的师傅的教导与督察，要他熟念熟记，但却一边读一边忘记了，经过许多年月，还不能诵读。这是因为这个人有往世业障，没有消除，所以对大乘佛教经典，没有读诵的记忆性能。像这样的人，听到地藏菩萨的名号，见到地藏菩萨的宝像，应该用自己的诚恳本心恭敬地向菩萨陈述，还要用香花、衣服、饮食、各种玩具等物来供养地藏菩萨，并将净水一杯，安放菩萨座前，经过一日一夜，然后合着双掌，请命服下，回头向前方，水临入口时，要诚心郑重虔诚；服完水以后，要谨慎小心，不要吃葱蒜等五种辛辣的蔬菜，不要喝酒吃肉，也不要邪淫和说谎话，更不要杀害各种生灵。这样经过七天，或三七二十一天后，这些善男善女在睡梦中，就会见到地藏菩萨现出无边广大的身体，在这人住的地方，给他授灌顶水，即从其脑门上向下灌水，这人梦醒后，即变得极为聪明，凡是一切经典，只要一经过他的耳根，立即便永远牢记住了，更不会忘记其中的一句一偈经文。"

【经文】

复次观世音菩萨："若未来世，有诸人等，衣食不足，求者乖愿，或多病疾，或多凶衰，家宅不安，眷属分散，或诸横事，多来忤身，睡梦之间，多有惊怖。如是人等闻地藏名，见地藏形，至心恭敬，念满万遍，是诸不如意事渐渐消灭，即得安乐，衣食丰溢，乃至于睡梦之中，悉皆安乐。"

【白话】

佛又对观世音菩萨说："假如未来世界中，有各种人，衣食不充足，缺吃少穿，谋求事情终不能如愿，或者多生疾病，或者家中多凶事衰败，家庭宅第不安宁，亲属分散不能团圆，或者许多灾祸经常来缠绕着他的身体，甚至在睡梦之间，也多有惊慌恐怖。像这样的人，听到地藏菩萨的名号，见到地藏菩萨的形像，能诚心恭敬，把地藏名号诵念满一万遍，这样，各种不如意的事，就会渐渐消灭，立即就会得到安乐，衣食丰足有余，甚至在睡梦中，也都十分安乐，不再惊怖。"

【经文】

复次观世音菩萨："若未来世，有善男子、善女人，或因治生，或因公私，或因生死，或因急事，入山林中，过渡河海,乃及大水,或经险道。是人先当念地藏菩萨名万遍,所过土地鬼神卫护,行住坐卧,永保安乐,乃至逢于虎狼师子,一切毒害,不能损之。"

【白话】

佛又对观世音菩萨说:"假如未来世中,有善男善女,或因为谋生需要,或因公事私事,或因妇人生产去报喜,或因亲属逝世去报丧,或因有急事,进入山林之中,或过河渡海,遇到大水,或要经历极为险恶的道路,这人应当先念诵地藏菩萨名号一万遍,那么,他所经过的地方,就有鬼神来保护他,他的行走坐卧,能永保安乐,甚至遇到虎、狼、狮子等一切猛兽为害,也不能损害他的生命。"

【经文】

佛告观世音菩萨:"是地藏菩萨于阎浮提有大因缘,若说于诸众生,见闻利益等事,百千劫中,说不能尽。是故观世音,汝以神力,流布是经,令娑婆世界众生,百千万劫,永受安乐。"

【白话】

佛告诉观世音菩萨:"这个地藏菩萨在阎浮提世间,有很大的因缘,如果要说出各位众生见到他的形像,听到他的名号所获得的各种利益的事,那是在百千劫那么长的时间里,也说不尽的。所以,观世音,你应当用你的神力来传播这部《地藏本愿经》,使俗世间的芸芸众生,在百千万劫中,永远享受安乐的福报。"

【经文】

尔时，世尊而说偈言：

吾观地藏威神力，恒河沙劫说难尽。

见闻瞻礼一念间，利益人天无量事。

【白话】

这时，佛把前面的经文，用简短的偈文又说了一遍：我看这地藏菩萨的大威神力，即使像恒河沙劫那么长的时间也是难以说完的。见到、听到、瞻仰、礼拜，或只要一念向着地藏菩萨，他就会给人道和天道造出无限的利益。

【经文】

若男若女若龙神，报尽应当堕恶道。

至心归依大士身，寿命转增除罪障。

【白话】

假使有男女或者龙神，他们的福报结束，寿命将完，就要堕入恶道入地狱，往生为饿鬼、畜生，只要他诚心归依地藏菩萨大士，他的寿命就会转增延长，罪障消除。

【经文】

少失父母恩爱者，未知魂神在何趣。

兄弟姐妹及诸亲，生长以来皆不识。

或塑或画大士身，悲恋瞻礼不暂舍。

三七日中念其名，菩萨当现无边体。

示其眷属所生界，纵堕恶趣寻出离。
若能不退是初心，即获摩顶受圣记。

【白话】

如果有人在年少时就亡故了恩爱的父母，长大后又不知道他们的魂神堕入哪一道内，还有他的兄弟姐妹等亲人们，自从他长大以来都不认识。只要他塑画地藏大士的形像，庄重爱怜地瞻仰礼拜，一刻也不停歇，在二十一天中念地藏菩萨名号，菩萨就会显现出无边的身相，指示他的亲属们所往生的处所，即使已经堕入恶道，仍会得益于他塑画及瞻礼的功德，不久之后出离恶道；假使能够永不退转这一念之心，就可以受到地藏菩萨的摩顶授记。

【经文】

欲修无上菩提者，乃至出离三界苦。
是人既发大悲心，先当瞻礼大士像。
一切诸愿速成就，永无业障能遮止。

【白话】

假使有人要修习无上正觉的佛道，乃至于想出离三界火宅之苦，这人既然产生这么大的慈悲心愿，便应当先瞻仰礼拜地藏大士像，这样，他的一切愿望就能很快实现，永远没有什么业障能够阻止得了。

【经文】

有人发心念经典，欲度群迷超彼岸。
虽立是愿不思议，旋读旋忘多废失。

斯人有业障惑故，于大乘经不能记。
供养地藏以香华，衣服饮食诸玩具。
以净水安大士前，一日一夜求服之。
发殷重心慎五辛，酒肉邪淫及妄语。
三七日内勿杀害，至心思念大士名。
即于梦中见无边，觉来便得利根耳。
应是经教历耳闻，千万生中永不忘。
以是大士不思议，能使斯人获此慧。

【白话】

假使有人要发心读大乘佛经，想超度群迷的众生到达彼岸，虽然他立下了这不可思议的大愿，但他一边读经一边忘记，这是因为该人为业障所迷惑的缘故，所以对大乘佛经不能牢记。他如果能用香花、衣服、饮食、各种器物来供养布施地藏菩萨，把一碗净水安放在地藏大士像前，经过一日一夜的求告，服下净水，并发重誓，慎食五辛之物，不饮食酒肉，不邪淫及说谎，在二十一日不要杀害生命，诚心思念地藏大士的名号。这样，他在梦中就会见到地藏菩萨的无边之身，醒来之后便能得到利根，凡是经过他耳朵听到的经典，千生万生中永远不会忘记。这全是地藏大士不可思议的威神之力，能够使这人获得这么大的恩惠。

【经文】

贫穷众生及疾病，家宅凶衰眷属离。
睡梦之中悉不安，求者乖违无称遂。
至心瞻礼地藏像，一切恶事皆消灭。
至于梦中尽得安，衣食丰饶神鬼护。

【白话】

众生如有贫穷、疾病、家宅不安、亲属离散、睡梦不安、所求违愿，这些不顺利的事，只要能诚心瞻仰礼拜地藏菩萨，一切恶事都能消除，甚至睡梦中也能很安宁，衣食丰足有余，连鬼神也来保护他。

【经文】

欲入山林及渡海，毒恶禽兽及恶人。
恶神恶鬼并恶风，一切诸难诸苦恼。
但当瞻礼及供养，地藏菩萨大士像。
如是山林大海中，应是诸恶皆消灭。

【白话】

假使要进入山林，或漂洋过海的人，若遇到毒禽、猛兽、恶人、恶神、恶鬼、恶风等，一切灾难苦恼，就要瞻仰礼拜和供养地藏菩萨画像，这样大海山林之中，各种恶物就都会消灭净尽。

【经文】

观音至心听吾说，地藏无尽不思议。
百千万劫说不周，广宣大士如是力。
地藏名字人若闻，乃至见像瞻礼者，
香华衣服饮食奉，供养百千受妙乐。
若能以此回法界，毕竟成佛超生死。
是故观音汝当知，普告恒沙诸国土。

【白话】

观音你专心听我说，地藏利益众生的事多得不可思议，在百千万劫中也说不完。你应该广为宣说地藏大士的神通广大。地藏的名字如果有人听到了，甚至见到地藏画像而瞻仰礼拜的人，用香花、衣服、饮食供奉地藏菩萨，此人就能在百千劫中享受到安乐。如果能更以此来回向法界众生，那这人就最终能成佛，超脱生死轮回。所以观世音菩萨，你要知道，你要广泛地嘱告恒河沙那么多的国土中众生，使众生都知道地藏菩萨这不可思议的功德利益。

嘱累人天①品第十三

【经文】

尔时世尊举金色臂，又摩地藏菩萨摩诃萨顶，而作是言："地藏地藏，汝之神力，不可思议；汝之慈悲，不可思议；汝之智慧，不可思议；汝之辩才，不可思议，正使十方诸佛赞叹宣说汝之不思议事，千万劫中，不能得尽。地藏地藏，记吾今日在忉利天中，于百千万亿不可说不可说一切诸佛、菩萨、天龙八部大会之中，再以人天诸众生等，未出三界②在火宅③中者，付嘱于汝，无令是诸众生堕恶趣中一日一夜，何况更落五无间及阿鼻地狱，动经千万亿劫，无有出期。

【注释】

① 嘱累人天：指佛向人、天一次又一次地嘱托、吩咐。

② 三界：指世俗世界的三种境界：欲界（色欲、食欲、财欲，上为"六欲天"，中为"人间界"，下为"八大地狱"）、色界（为离却食、淫二欲的众生所居处）、无色界（不受一切男女色及物质束缚，而仅存心识的世界）。三界皆在生死轮回之中。

③ 火宅：指人世间。人世间痛苦无比，如着火之宅，充满恐怖，只有立即离开火宅，才能安宁。

【白话】

这时佛举起金色的手臂，又摩着地藏大菩萨的头顶，而对他说："地藏啊地藏，你的神通威力，是不可思议的；你的慈悲之心，是不可思议的；你的智慧，是不可思议的；你的能言善辩，也是不可思议的，纵使让十方诸佛都来赞叹宣说你的不可思议的大功德利益的事，在千万劫中也是说不尽的。地藏啊地藏，你要记着，我今天在忉利天宫，在这百千万亿许许多多无法说清数目的一切佛、菩萨、天龙八部，齐集一堂的大法会中，再将这人间天上各位众生等人，未脱离三界火宅中的众生，都托付给你，不要让这些众生堕落到恶道中去，哪怕是受一天或一夜的苦难，更何况让他们堕入五无间及阿鼻地狱，去受那种种千万亿劫，没有出头之日的大苦难呢！

【经文】

"地藏，是南阎浮提众生，志性无定，习恶者多，纵发善心，须臾即退，若遇恶缘，念念增长。以是之故，吾分是形，百千亿化度，随其根性而度脱之。地藏，吾今殷勤以天人众付嘱于汝，未来之世，若有天人及善男子、善女人，于佛法中种少善根，一毛一尘，一沙一渧，汝以道力拥护是人，渐修无上，勿令退失。"

【白话】

"地藏，这阎浮提世间的众生，他们的志愿和根性，没有定数，总是学习恶的多，即使能发出善心，也只一会儿便退失了；如果遇到恶缘，恶习更会不断增长。因为这个原因，我分出了百千万亿的身形，随众生的根性来度脱他们。地藏，我现在至诚恳切地把天上人间的众生，都完全托付给你。在未来的世界中，如果有天上的人，以及人间的善男善女，在佛法中，种下一点善根，哪怕是一根毛，一微尘，一粒沙，一滴水那么小的善根，你都要用你的神通之力保护这个人，使他渐修无上佛道，并且不要使之退转。"

【经文】

复次地藏："未来世中，若天若人，随业报应，落在恶趣，临堕趣中，或至门首，是诸众生若能念得一佛名，一菩萨名，一句一偈大乘经典，是诸众生，汝以神力，方便救拔。于是人所，现无边身，为碎地狱，遣令生天，受胜妙乐。"尔时世尊而说偈言：

"现在未来天人众，
吾今殷勤付嘱汝。
以大神通方便度，
勿令堕在诸恶趣。"

【白话】

佛又对地藏菩萨说："在未来世界中，如果天上或人间，都是随众生所造的业去受到各种报应。如果要落在恶趣里，临堕落之际，或到了地狱的门前，这些众生假使能念诵出一位佛的名号，一位菩萨的名号，念诵一句一偈大乘佛教经典，对这些众生，你要用你的神威力量想方设法救拔他们，在这些人居住的地方，现出无边之身，为他们粉碎地狱，遣令他们往生到天上，享受到最大的安乐。"这时，佛又说出以下偈言："现在未来的天人众生，我今天殷勤地托付给你，你要以大神通力想方设法度脱他们，不要让他们堕入恶道受苦痛！"

【经文】

尔时地藏菩萨摩诃萨胡跪合掌，白佛言："世尊，唯愿世尊不以为虑，未来世中，若有善男子、善女人于佛法中，一念恭敬，我亦百千方便，度脱是人于生死中，速得解脱，何况闻诸善事，念念修行，自然于无上道永不退转。"

【白话】

这时地藏大菩萨右膝跪地，双手合掌，恭敬地对佛说："世尊，请您不要挂虑这件事了。在未来世界中，如果有善男善女，在佛法中，只要能产生一念的恭敬之心，我也要用千百种方法，度脱这些人，让他们在生死轮回中，尽快得到解脱，何况听到他们做了许多善事，一心一意修行，我自然让他们在佛道中永不退转初心。"

【经文】

说是语时，会中有一菩萨，名虚空藏，白佛言："世尊，我自至忉利，闻于如来赞叹地藏菩萨威神势力，不可思议。未来世中，若有善男子、善女人，乃及一切天龙闻此经典，及地藏名字，或瞻礼形像，得几种福利，唯愿世尊，为未来、现在一切众等，略而说之。"

【白话】

就在这时，法会中有一位菩萨，名叫虚空藏，他对佛说："世尊，我自从到了忉利天宫，就听见如来赞叹地藏菩萨，以及他的威神势力那么不可思议。在未来世中，如果有善男善女，甚至一切天龙，听到这部经典及地藏菩萨的名字，或瞻仰礼拜他的宝像，能得到哪几种福利？恳请世尊，为未来现在一切众生大略地说一说。"

【经文】

佛告虚空藏菩萨："谛听，谛听，吾当为汝分别说之。若未来世有善男子、善女人见地藏形像，及闻此经，乃至读诵，香华、饮食、衣服、珍宝布施，供养、赞叹、瞻礼，得二十八种利益：一者天龙护念，二者善果日增，三者集圣上因，四者菩提不退，五者衣食丰足，六者疾疫不临，七者离水火灾，八者无盗贼厄，九者人见钦敬，十者神鬼助持，十一者女转男身，十二者为王臣女，十三者端正相好，十四者多生天上，十五者或为帝王，十六者宿智命通，十七者有求皆从，十八者眷属欢乐，十九者诸横消灭，二十者业道永除，二十一者去处尽通，二十二者夜梦安乐，二十三者先亡离苦，二十四者宿福受生，二十五者诸圣赞叹，二十六者聪明利根，二十七者饶慈悯心，二十八者毕竟成佛。"

【白话】

佛告诉虚空藏菩萨："你认真听啊认真听，我现在为你一件件地说。如果未来世中，有善男善女，看见地藏菩萨形像，以及闻听到这部经典，甚至诵读这部经典，用香花、饮食、衣服、珍宝布施供养、赞叹瞻仰礼拜地藏菩萨，那么这种人就会得二十八种利益。第一，有各种天龙的保护；第二，他的善果每天增加；第三，能集合所有做的善因；第四，他的觉悟智慧之心永远不会减退；第五，他的衣食丰足有余；第六，他永不生疾病；第七，永远脱离水火之灾；第八，不会遇到盗贼厄难；第九，别人见了会钦敬他；第十，有鬼神相帮助；第十一，如果人厌恶自身为女则会在下世往生为男身；第十二，愿为女身者，可以往生为国王、大臣之女；第十三，相貌端正漂亮；第十四，多转生到天上；第十五，或者能转生为帝王；第十六，能知道前世宿命之事；第十七，有求都能如愿；第十八，家庭亲属欢乐和睦；第十九，各种灾祸消除；第二十，永远免除堕入恶道受苦；第二十一，所到之处都顺利畅通无阻碍；第二十二，夜间梦中安宁无惊；第二十三，以前去世的亲眷脱离苦难恶道；第二十四，前世所积功德今生能够受用；第二十五，得到各位佛、菩萨圣贤的赞叹；第二十六，能具有聪明的利根；第二十七，富有慈悲之心；第二十八，最后终于成佛。"

【经文】

复次虚空藏菩萨："若现在、未来天龙鬼神，闻地藏名，礼地藏形，或闻地藏本愿事，行赞叹瞻礼，得七种利益：一者速超圣地，二者恶业消灭，三者诸佛护临，四者菩提不退，五者增长本力，六者宿命皆通，七者毕竟成佛。"

【白话】

佛又对虚空藏菩萨说："如果现在、未来世中的一切天龙鬼神，听到地藏菩萨的名号，礼拜地藏菩萨，或听到地藏依据本愿度脱众生出苦海的这些事迹后，能赞叹称扬，瞻仰礼拜地藏菩萨，那么这些天龙鬼神就会得到七种利益：第一，能迅速地超越到圣地的果位去；第二，他们的恶业就会消除；第三，受到各位佛的降临保护；第四，已得到的佛心坚固不退转；第五，能增加本来佛性的力量；第六，能知道前世所做的一切事情；第七，最后终于成佛。"

【经文】

尔时十方一切诸来，不可说不可说诸佛如来，及大菩萨、天龙八部，闻释迦牟尼佛称扬赞叹地藏菩萨大威神力，不可思议，叹未曾有。是时，忉利天雨无量香华、天衣、珠璎，供养释迦牟尼佛及地藏菩萨已，一切众会俱复瞻礼，合掌而退。

【白话】

这时，各方一切所有来参加大法会的无数量的诸佛如来，以及大菩萨、天龙八部等，听了释迦牟尼佛称赞宣扬地藏菩萨巨大的威神之力，实在大得不可思议，感叹这种巨大的神力从未有过。这时，忉利天就像下雨一般，飘下许许多多香花、天衣，以及名贵的珠宝璎珞来供养释迦牟尼佛及地藏菩萨。一切参加大法会的大众，都一再瞻仰礼拜释迦牟尼佛和地藏菩萨，恭敬地合掌而退。

跋　　语

　　记得小时候，一年春天，学校组织到洋县丰都山春游，这里当地叫"大爷山"，是自明代以来陕南有名的寺观。当时年纪小，也分不清什么佛家、道家，只记得有座名叫"十王殿"的庙，庙已破败不堪，但内中塑有许多令人毛骨悚然的场景：有的"人"被扔入滚烫的油锅煮炸，有的"人"被塞入磨孔内粉碎，有的"人"被拔掉舌头、剜去双眼，有的"人"被绑在木桩上遭刀劈……据同行的人解说：那是十层地狱，凡生前做了种种坏事的人，死后都要下地狱，受这种种磨难。凡不孝顺父母者，要下油锅；凡糟蹋粮食者，要用磨子磨碎；凡说谎、骂人、说是非者要拔舌剜眼……

　　此后四十多年过去了，"大爷山"的"十王殿"在"文革"中荡然无存了，一茬茬的"运动"虽然极力想抹去人们头脑中"迷信"的印痕，但是"十王殿"上的影像一直在脑子中存续着，思想的深处，那要孝顺父母、不能糟蹋粮食、不能做坏事……这些概念，竟然如此牢固，想抹也抹不去，甚至自觉不自觉地在规范着自己几十年来的一言一行。

　　"地狱"一说，许多人持怀疑态度，以为下辈子的事，不必管那么多，只要这辈子活得随心所欲、痛快自在就行了。于是，不管行善行恶，不管上天堂下地狱，我行我素。殊不知，如此下去，小恶积大，终至恶贯满盈，于人、于己、于社会，非惟无益，而且多害，或触犯众怒，或触及法律，处处受社会谴责鞭挞，心内自然难以一刻安宁，甚至遭受严刑重法的惩罚，不啻堕入地狱者何！对于地狱罪报之事，若人信而畏之，故时时警惕之，鞭策之，不滥杀生命，不盗窃贪财，不欺诈妄语，不唆弄是非，不……那么，当今的社会，也许能更为安宁一些。

地藏菩萨，愿力宏大，地狱不空，誓不成佛。要使天上天下的所有"六道众生"都得到彻底解脱解放，永不再受罪苦，只要还有一个生灵未得到解脱，他也要以"种种方便"度脱之。这种心愿的实现，就是"六道众生"人人去恶向善、广植善根，从而得到脱离恶道的善报。

1991年，有幸收到金陵刻经处寄赠的两部《地藏菩萨本愿经》。几年来，反复展读，获益不浅，深悟地藏菩萨愿力之大，心境之高，化导众生，觉醒群迷，此经实是极好法音。为此，于工作之暇，注释整理，欲用更为通俗的语言，将此经介绍给广大读者，使大家以仁者智者之目光，惠鉴是经，是汲取，是扬弃，随缘定夺。

整理过程中，严格尊重原典，尽量不使有错讹发生。然因经验不足，识力所限，难免有不妥之处，诚望法家惠予指正。

郭　鹏

附：白话四十二章经

"汉地诸经，唯此为始"
——《四十二章经》简议

自东汉明帝时佛教传入中国，迄今已近两千年。两千年来，佛教经典源源流入，翻译、传抄、刻印，代无间断，真可谓汗牛充栋，浩如烟海。佛教文化、佛教哲学，连同佛教本身，随着这些佛经的流入而逐渐深入人心，扩充到中国人的意识形态乃至各个领域，构成中国文化的重要组成部分。

探究佛经流入的源头，虽然学界说法不一，但多认为是自《四十二章经》始，这是有根据的。

据有关资料上记载：秦始皇时，外国沙门释利防等18人带着佛经到中国来传教，秦始皇不信佛教，把他们关进牢狱。半夜间，有金刚打破牢狱，将释利防等人救走。还有一则资料记载：西汉成帝时，光禄大夫刘向奉旨校阅朝廷所藏图书，发现其中有佛经。近代学者研究认为，这两条资料只是传说，并不可信。

也有人认为：西汉哀帝元寿元年（公元前2年），佛教徒伊存到中国来，向汉朝博士弟子景卢口授《浮屠经》，"浮屠"为梵文，音译也作"佛陀"，故此经也可作《佛经》，据说此经主要讲述佛陀释迦牟尼的生平经历。景卢将此记录下来，但东晋道安所编《综理众经目录》中并无对此经的记载，可见此经并未流传下来。

南朝梁僧人慧皎所编的《高僧传》，开首第一、第二人即摄摩腾、竺法兰。二人之《传》中，均言及东汉明帝时，夜梦金人，飞天而入。明帝召群臣解梦，傅毅答曰"佛"。明帝即派蔡愔、秦景去西域寻佛。蔡等至西域，遇摄摩腾、竺法兰，相邀乘白马入汉朝。诏敕建白马寺于洛阳，二人居以译经，首先译出《四十二章经》，摄摩腾死后，竺法兰又译出《十地断结》、《佛本生》、《法海藏》、《佛本行》四部。而"移都寇乱，四部失本，不传江左，惟《四十二章经》今见在，可两千余言。汉地见存诸经，惟此为始也。"（《高僧传·竺法兰》）这个记载，基本上是可信的，而且也很有分寸，"汉地见存诸经"，即言明当时保存下来的佛经。然此前其他虽有译，但未保留下来者，肯定还有。无论如何，《四十二章经》作为佛教初入中国时的第一部留传下来的经典，其意义、价值和地位是不容忽视的。

《四十二章经》顾名思义，是四十二篇独立的经文组成的，全文两千多字。每篇少则二三十字，多则百字左右，短小精悍，简明扼要，且多用譬喻，形象生动，引人入胜，用浅显易懂的语言，阐明深邃的佛法教理，微言大义，极具说服力。全经中阐发的内容，属于早期佛教的基本教义，认为一切事物流转变化，并无常住，生命短促，应不断修行，得成阿罗汉果位，就能永远解脱三恶道之苦。如何修行呢？此经中反复告诉人们的，就是去掉贪心、爱欲，忍辱去恶，清静勿嗔，处中精进，行善布施等。这些法门，直至今日，无论对于佛家弟子，还是俗世之人，只要能按此实行，绝对是有益于社会，有益于自身的。无贪求之心，世间就不会有贪污受贿、偷盗抢劫之恶行；清静勿嗔，社会上就少了争吵骂人、打架杀伤之事；戒除邪淫，利社会、利家庭、利自己，合乎道德，合乎法规；精进勤奋，自然学有所成，干有所得，事业前进，社会发展；遇事处中，自然办事谨慎周全，不冒险激进，不守旧落后，等等。总之，此经中的教义，绝大多数是积极的，是劝善戒恶的，我们自然不能一概以"迷信"而摒弃之。

《四十二章经》中，为了说明道理，以理服人，运用了一些很生动的譬喻，极有特点。如毁谤贤人，好比仰面唾天，向天吐口水，唾不到天上（对贤人无损），反会落到自己脸上（暴露自己的丑恶）；说人贪财，就像小孩贪求刀刃上的一点蜜糖，用舌头去舐（贪求小利），最终舌头被刀割去；比喻纵欲之人，就像手执火炬逆风而行，必然自烧其手；喻办事应守中（不偏不倚）而为，就像弹琴一样，弦不能太紧，也不能太松；喻修道就像木头在河，只要不阻于河岸、旋涡，只要一直往前，就一定能到达大海，最终成功；喻人要去除杂念，如炼铁去渣，方能铸成精美器具；用擦镜去垢镜更明，譬喻断欲去恶，能得佛道……这些譬喻，极为精辟生动，具有佛家的雄辩思维，显示了佛理的深刻性和说服力。一部《四十二章经》中，几乎半数中都运用了这种说理方法，可谓此经之一大特色。

据资料记载，因此经在我国古代僧俗各界影响很大，流传很广，故版本甚多。各类版本大致分属于三种经本，一是北宋初年的《开宝藏》所收本，后流传国外，被收入《高丽藏》；二是北宋真宗时的注释本，收入明代《永乐南藏》中；三是宋朝守遂的注释本，流传较广，明清时的一些佛教学者作过注本。这些版本，均源于摄摩腾、竺法兰的译本，但因辗转传抄，互有不同，何者最接近摄摩腾、竺法兰的原译，已无从考核了。另外，三国时吴国支谦也曾译过《四十二章经》，流传情况，已不得而知。

此次笔者冒昧，试注《四十二章经》，并将其翻为白话，以广其流布，然因笔者学力浅薄，佛理未精，难免有注错翻错之忧，自不之知，而行家知之，诚望大德高知，指而正之。古代翻译经者，有五不翻之说：（1）多含不翻，即一个词有多种含义则不翻；（2）尊重不翻，即对尊重者的名义不翻；（3）此方无不翻；（4）顺古不翻；

（5）秘密不翻。这是古代由梵文佛经翻译为汉文佛经的法则。在此，笔者把文言文的佛经翻译为白话佛经，也借用"五不翻"原则，对原经一些含义较多者，如"比丘"、"沙门"、"道"、"阿罗汉"、"阿那含"、"斯陀含"、"须陀洹"、"辟支佛"、"果"、"证"等词，无法用一句话、一个词翻译出全部含义者，只有保留原词，在注释中注明含义。当然，能翻译成现代语言者，尽量翻出，虽觉得个别地方有些勉强，但总比留个尾巴令读者费解要好些。

郭　　鹏

四十二章经

[东汉] 摄摩腾① 竺法兰②译

经文注译

【经文】

世尊③成道④已,作是思维:离欲⑤寂静⑥,是最为胜⑦;住大禅定⑧,降诸魔道。于鹿野苑中⑨,转四谛法轮⑩,度憍陈如等五人⑪,而证道果。复有比丘⑫所说诸疑,求佛进止⑬。世尊教敕⑭,一一开悟。合掌敬诺,而顺尊勅。

【注释】

① 摄摩腾:亦译作"迦叶摩腾"、"竺摩腾",略称"摩腾"。据《高僧传》卷一、《出三藏记集》卷二载:摄摩腾为中印度人,精通大小乘佛经。东汉永平八年(65年),汉明帝派蔡愔等三人,前往天竺(印度)寻访佛,蔡等到中印度,遇到摄摩腾与竺法兰,便邀二位同到中国,并用白马驮运回第一批佛教经典,永平十年(67年)摩腾、竺法兰到东汉京都洛阳。明帝令建寺院,因白马驮经西来,遂命名寺为白马寺,邀摩腾、竺法兰在白马寺翻译佛经,二人首先译出《四十二章经》。

②竺法兰：中印度僧人。永平十年（67年）应邀与摄摩腾来汉朝后，住洛阳白马寺，二人共同翻译出《四十二章经》。摄摩腾去世后，竺法兰又译出《十地断结经》、《佛本生经》、《佛本行经》、《法海藏经》等。

③世尊：佛祖释迦牟尼十大名号之一，即世间最尊贵的人。

④成道：指修成佛道，得成佛家正果。

⑤离欲：离开欲念，即没有欲望，清心寡欲，与世无求。

⑥寂净：即清静无为，与世无争。

⑦是为最胜：这是最为美妙的境界。

⑧住大禅定：住在大禅定里，即保持专一静虑，达到觉悟境界的状态。禅（净虑）和定（专一）合称禅定。保持大禅定境界，则可以消除一切烦恼，所以说，可以降伏一切妖魔和外道。

⑨鹿野苑：佛教著名寺院名，也是佛教四大圣地之一，又称仙人鹿野苑精舍、鹿野、施鹿林等。《六度集经》、《杂譬喻经》、《出曜经》中载有鹿野苑（施鹿林）得名的传说故事：从前这里的大森林中，有两群鹿，各有五百多只。有一天，国王到这里来打猎，打死了不少鹿。这时，鹿王前来谒见国王，说："大王，你在这里打猎放箭，不久，把我们鹿群全部打死了，鹿肉也放不到多长时间，就要腐烂发臭了，你怎么能吃呢？请你改变一下方式，每天轮流给你一只鹿，你每天就可以吃到新鲜的鹿肉，而我们也可以延长一些时日的生命。"国王答应了，便起驾回宫。自此之后，两群鹿中，每天轮流一只鹿到王宫去受死。有一天，轮到一只怀孕的母鹿去送死，这只鹿来对鹿王说："我本来应该去死的，但我肚子里的孩子还不应该去死啊！等我分娩以后再去死吧。"鹿王说："你这慈母之心实在太仁慈了，连还未成形的孩子都受到恩慈，我现在代替你到国王那里去吧！"鹿王便来到王宫，沿路的人认识鹿王，都跑来观看。国王听到这个消息，还不相信，看门的人向国王报告后，国王才相信了。鹿王来见国王，国王问："你怎么突然来了？"鹿王回答说："今

天轮到一只母鹿应进献给大王，但这只母鹿怀孕了，还未生产，所以我不忍心把它送给大王，便自己前来代替它受死。"国王听后，大为惊叹，说："我实在是长着人身的鹿，而你却是长着鹿身的人啊！"于是，他把所有的鹿全部释放了，不再令它们轮流来送死，并且还把这片树林作为鹿的活动场所，下令全国不许再杀鹿。因此这片树林就叫做鹿林，施鹿林、鹿野苑的名字也就从此开始了。后来，在这里建造了精舍（寺院），释迦牟尼常在此为弟子们讲经传法，鹿野苑遂成佛教圣地。

⑩ 转四谛法轮：讲说佛法。四谛，又称"四圣谛"，即苦谛、集谛、灭谛、道谛，是佛教的基本教义之一。苦谛是说人生世界皆如苦海，有生苦、老苦、病苦、死苦、怨憎会苦、受别离苦、求不得苦、五盛阴苦；集谛是说造成人生世界苦痛的原因，是由烦恼而造业，由造业而招惑；灭谛是说要解脱苦果，就要明了集谛之理，断除烦恼之业，就可脱去众苦；道谛是说灭苦的方法，即修持八正道（达到觉悟和涅槃境界的八种正确之途：正见、正思维、正语、正业、正命、正精进、正念、正定），便可灭除众苦，而获涅槃解脱之果。

⑪ 度憍陈如等五人：释迦牟尼出家时，其父净饭王派憍陈如等五人前往寻找。五人中家族三人，舅族二人，各种资料记载不同。据《佛祖统记》载，五人是憍陈如、十力迦叶、跋提、摩诃男（又名拘鳞）、頞鞞。此五人原为释迦牟尼未出家时的侍从。释迦牟尼修行六年未果，五人乃离之而去。后释迦牟尼成佛，首先到鹿野苑传布佛法，此五人是首先听释迦牟尼讲法的人，因此，成了释迦牟尼的第一批弟子。晋代法显著《佛国记》载："复顺恒水西行十二由延，到迦尸国波罗捺城。城东十里许，得仙人鹿野苑精舍。此苑本有辟支佛住，常有野鹿栖宿……世尊成道已，后人于此处起精舍。佛欲度拘鳞等五人，五人相谓言：'此瞿昙沙门（释迦牟尼）本六年苦行，日食一麻一米，尚不得道，况入人间，恣身、口、意，何道之

有？今日来者，慎勿与语。'佛到，五人皆起，作礼处，复北六十步复行，佛于此东向坐，始转法轮，度拘鳞等五人处，东北二十步，佛为弥勒受记处。"

⑫ 比丘：佛教出家僧徒。

⑬ 求佛进止：请求佛指示他们，是继续向前修行呢，还是停止修行呢？

⑭ 教敕：教化，敕令，即开导指示。

【白话】

世尊释迦牟尼修成佛道后，便这样想道：排除欲念，清净无为，这是最美妙的境界；进入专一静虑的觉悟境界，就能降伏各种妖魔外道。于是，便在鹿野苑树林中，开始讲示四谛圣道，传授佛法，度脱陈如等五个人，使他们出家开悟，修成正果。以后又有其他的比丘（僧人），向释迦佛提出许多疑问，请求佛答复，并指示他是继续修行呢，还是停止修行呢？世尊释迦牟尼对他们予以教化引导，使他们一一开悟。于是，他们合掌、恭敬地随顺释迦世尊所教化的佛法去修行了。

第一章　出家证果

【经文】

佛言：辞亲出家，识心达本①，解无为法②，名曰沙门③。常行二百五十戒④，进止清净⑤，为四真道行⑥，成阿罗汉⑦。阿罗汉者，能飞行变化⑧，旷劫寿命⑨，住动天地⑩。

【注释】

①识心达本：认识自己的本心，认识到一切从根本上看都是虚幻的。

②无为法：指不造作、永恒不变的绝对存在、真理，即涅槃、实相、佛理等。此外解无为法，当指悟解佛理佛法。

③沙门：又译作"桑门"、"沙门那"等，意为息心修道，指佛教僧侣。

④二百五十戒：佛教僧侣的具足戒，分为八段：第一段：波罗夷（在僧律中为极恶大罪），共有四戒：淫戒、盗戒、杀戒、妄戒；第二段：僧残（犯之必依众僧行忏悔法），共有十三戒：故失精戒、触女人戒、粗语戒、叹身索供养戒、媒嫁戒、有主房戒、无主房戒、无根谤戒、假根谤戒、破僧违谏戒、助破僧违谏戒、汙家摈谤违谏戒、恶性拒僧违谏戒；第三段：二不定（轻重未定）：屏处不定、露处不定；第四段：尼萨耆波逸提（尼：尽；萨耆：舍；波逸提：堕。指犯此戒，则要堕入地狱、饿鬼、畜生三恶道中，舍财忏悔可免堕罪，故言舍堕），共有三十戒：长衣、离衣、长钵、乞钵等；第五段：波逸提（堕入地狱），共有九十戒：小妄语、两舌语、

掘地、环生、饮酒、非时食等；第六段：四提舍尼（向彼忏悔）、兰若受食、学家受食等；第七段：百众学戒，著齐整衣、戏笑跳行等；第八段：七灭诤（灭诤论），现前毗尼、忆念毗尼等。八段共二百五十戒，是沙门和尚所要奉行修行的各条戒律，不能违犯。

⑤进止清净：进，向前去做；止：停止不做。意谓，不论你做与不做什么事情，都要保持清净，不染杂念、邪念。

⑥四真道行：即四谛，又称四真谛，见前"四谛"注。

⑦阿罗汉：梵语，指成就阿罗汉果位的僧侣，是小乘佛教修行的"四双八辈"之四，又称四果阿罗汉，中文意为杀贼（杀烦恼贼）、应供（应受人天供养）、无生（永入涅槃，不再受生死轮回果报）。佛教中包括阿罗汉向（正趋向证得"阿罗汉果"之修习者）、阿罗汉果（已修得万行圆成，永远不再投胎转世而遭受生死轮回之苦的果位），后泛指修得阿罗汉果位的人，简称"罗汉"。

⑧能飞行变化：佛教认为，证得阿罗汉果位的圣人，无欲无爱，行走时脚不沾地，以免踩死小生命，随意而行，变化无穷。

⑨旷劫寿命：指证得阿罗汉果位的圣人，其寿命无数量之长，即愿活多久就活多久，此身坏了、老了，可以另换一身体，生死随自己自愿，愿生则生，愿死则死，如何死法，也完全随自己之愿，也就是达到无生无死，不生不灭。

⑩住动天地：阿罗汉所住的地方，天地鬼神都受他感动、教化而护卫他，使其无灾无难，一切吉祥。

【白话】

释迦牟尼佛说：辞亲出家的人，能够认识到自己的本心，认识到一切事物本质的虚幻性，能够悟解佛理佛法，这样的人才可以称作沙门。沙门如果能坚持奉行二百五十戒，无论干什么事，或不干什么事，都能做到清心寡欲，勤修四谛圣道，这样他就可以修成阿罗汉。达到阿罗汉果位的人，能够在天上飞行，随意变化，他的生命无限量之长；他住的地方，都有天地鬼神予以卫护。

【经文】

次为阿那含①。阿那含者，寿终灵神②上十九天③，证阿罗汉④。

【注释】

①阿那含：亦译作"不还"，为小乘佛教修行"四双八辈"的第三位，又称三果阿罗汉，包括不还向（正趋向不还果之修习者）、不还果（已完全断绝欲界烦恼而不再生还欲界之果位）。就是说，达到阿那含果位的人，死后其灵性就不再到人间来了，而是到了天上。

②灵神：即灵魂。

③十九天：又称无烦天，是断除了烦恼的天界。

④证阿罗汉：能够悟解掌握阿罗汉真知。

【白话】

沙门修行次一等的是达到阿那含果位。达到阿那含果位的人，他寿命终了之后，灵魂便上升到十九天上，即到无烦天，便能证得阿罗汉果位。

【经文】

次为斯陀含①，斯陀含者，一上一还②，即得阿罗汉；次为须陀洹③，须陀洹者，七死七生④，便证阿罗汉。爱欲断者⑤，如四肢断，不复用之。

【注释】

① 斯陀含：梵语，又译作"一来果"，为小乘佛教"四双八辈"之二，即二果阿罗汉。包括一来向（正趋向"一来果"的修习者）、一来果（思悟四谛而达到断绝与生俱来之烦恼的修习果位），但仍须生一次天上，生一次人间，方能大彻大悟。

② 一上一还：即达到斯陀含果位的人，还必须往生一次天上，然后返回再往生一次人间。

③ 须陀洹：梵语，又译为"预流"、"入流"、"逆流"，是小乘佛教修行之"四双八辈"之一，也称初果阿罗汉。包括预流向（正在断除惑见，趋向"预流果"的修习者）、预流果（悟四谛后灭除三界烦恼的初步修行果位），是证初果的圣人。

④ 七生七死：初果圣人到了欲界上上品时，了两番生死，到欲界上中品、上下品时，各了一番生死；在欲界中上品时，了一番生死；在欲界中中品、中下品时，了一番生死；在欲界下上品、下中品、下下品时，了一番生死，共经历七番生死，然后才能证阿罗汉果位。

⑤ 爱欲：佛教指因贪欲而执着地追求，犹如干渴者在煎熬之中求水般的欲望和心情，是厌苦欣乐而贪染财、色、名、食、睡五欲的心理活动。

【白话】

沙门修行再次一等的是达到斯陀含果位。达到斯陀含果位的人，再经历往生一次天上，返回往生一次人间，就能证得阿罗汉果位；沙门修行再次一等的是达到须陀洹果位，达到须陀洹果位的人，还要经历七生七死，便能证得阿罗汉果位。能把贪欲断除了，才能成道。而要断绝贪欲，就不能忧虑，不能想断而不断，就像断除四肢之后，就永远不能再用了，下决心断绝贪欲，就不要再贪恋了。

第二章　断欲绝求

【经文】

佛言：出家沙门者，断欲去爱，识自心源①，达佛深理②，悟无为法，内无所得，外无所求③，心不系道，亦不结业④，无念无作⑤，非修非证⑥，不历诸位⑦，而自崇最，名之为道⑧。

【注释】

① 识自心源：认识自己心性的本体。
② 达佛深理：明白最深的佛理。
③ 内无所得，外无所求：内心不需要知道什么事情，对外也没有什么贪求，即所谓"知事少时烦恼少，到无求处便无忧"。
④ 结业：造恶果。
⑤ 无念无作：没有不正当的妄念，只有正念，便没有虚妄的行为。
⑥ 非修非证：已修行到极点，无可再修；已经证得佛理，不须再证了。
⑦ 不历诸位：不需要经历成佛的各个阶位。菩萨在修行过程中，要经历五十二个阶位，才能最后成佛。
⑧ 名之为道：达到这个境界，就叫做道。

【白话】

释迦牟尼佛说：出家的沙门，只要断绝贪欲，认识自己的本性，领会最深的佛理，了悟无为无不为的佛法，内心不贪恋妄念，身外没有什么贪求，心境不执着在修道上，而实际却处处在奉行佛道，不要做恶事，造恶业，没有妄念，没有虚妄行为，修到极点无可再修，已经得道，不需再证，不需要再经历成佛的各个阶位，而自己自然就达到最高的果位，这样的沙门就叫做成道了。

第三章　割爱去贪

【经文】

佛言：剃除须发，而为沙门，受道法者①，去世资财②，乞求取足。日中一食，树下一宿，慎勿再矣。使人愚蔽③者，爱与欲也。

【注释】

① 受道法者：指接受、修习佛道佛法的沙门。
② 去世资财：不要世间的资财。去：去掉，抛弃。
③ 愚蔽：因愚痴、愚蠢而受到蒙蔽，办错事。

【白话】

释迦牟尼佛说：一个人剃去了胡须、头发，而出家当沙门，他遵依佛教道法，抛弃世间的资产财富，拿上饭钵出门乞食，只要能吃够就行了，每天只在中午吃一顿，一棵树下只睡一宿，很谨慎地不再求其他的享受了。人之所以会因愚痴而受蒙蔽、犯下过失，就是由于执着地贪求和欲望所造成的。

第四章　善恶并明

【经文】

佛言：众生以十事为善，亦以十事为恶。何等为十？身三，口四，意三。身三者：杀①、盗②、淫③；口四者：两舌④、恶口⑤、妄言⑥、绮语⑦；意三者：嫉⑧、恚⑨、痴⑩。如是十事，不顺圣道⑪，名十恶行。是恶若止，名十善行耳。

【注释】

① 杀：佛教术语，指杀害有生命的生灵，为佛家"五戒"之一。

② 盗：佛教术语，指偷或盗别人的财物，为佛家"五戒"之一。

③ 淫：佛教术语，亦作邪淫，指与妻子以外的女人发生关系，为佛家"五戒"之一。

④ 两舌：佛教术语，指向两边的人讨好，离间双方，使之争斗，亦即唆弄是非，挑拨离间。

⑤ 恶口：骂人，说人坏话。

⑥ 妄言：说谎。佛教"五戒"之一。

⑦ 绮语：虚假巧饰的妄言谎言，亦指一切淫秽之语，又译作杂秽语。

⑧ 嫉：佛教术语，为"小烦恼法"之一，指嫉妒别人的成功、别人的才干，斤斤计较自己的名利，因而终日戚戚不安。

⑨ 恚：怨恨他人，为佛教"三毒"之一。

⑩ 痴：佛教术语。指愚蠢，痴呆，不明事理。

⑪ 圣道：指佛理佛法。

【白话】

释迦牟尼佛说：众人以十种事情行善，也以十种事情作恶。是哪十种事呢？属于行为方面的有三种，属于语言方面的有四种，属于意识方面的有三种。行为方面的三种是：杀生、偷盗、邪淫；语言方面的四种是：挑拨是非、恶语骂人、说谎骗人、秽言乱语；意识方面的三种是：嫉妒别人、怨恨他人、愚蠢糊涂。这十种事，不合乎佛家圣道，叫做十恶行。这十种事如果改正不再犯了，就叫做具备了十种善行。

第五章 转重令轻

【经文】

佛言：人有众过①，而不自悔，顿息其心②，罪来赴身，如水归海，渐成深广；若人有过，自解知非③，改恶行善，罪自消灭，如病得汗，渐有痊损④耳。

【注释】

① 众过：一切过失，许多过错。
② 顿息其心：没有忏悔改过，就把改过之心顿然停息了。
③ 自解知非：知道自己的错误而自己改正，自己解脱，自己解开罪结。
④ 痊损：疾病痊愈或病情减轻。

【白话】

释迦牟尼佛说：如果人有许多过错，而他自己不觉悟，不悔过自新，这就顿然失去了改过之心，那么罪业就会向他奔来，就好像河水流向大海一样，越积越深越大。如果人有过错，能自己知道错了，从而自己改正解脱，能改恶行善，那么，他的罪业自然就消除了，就好像病人出了一身汗，渐渐地疾病就会痊愈或减轻了。

第六章　忍恶无嗔

【经文】

佛言：恶人闻善，故来扰乱者，汝自禁息①，当无嗔责②。彼来恶者，而自恶之。

【注释】

① 自禁息：自己要心平气和，保持镇静，不要激动。
② 嗔责：生嗔恨心，责骂。

【白话】

释迦牟尼佛说：当恶人听到有善人在做善事时，就故意来找麻烦，打扰破坏行善。这时，你要自己心平气和，做善事不动摇，也不要恼怒责骂打扰你的那个恶人，不理睬他。那么，那个恶人，就是自己给自己添恶业，暴露了他自己的做恶行径。

第七章　恶还本身

【经文】

佛言：有人闻吾守道①，行大仁慈，故致骂佛。佛默不对②，骂止，问曰："汝以礼从人，其人不纳③，礼归子④乎！"对曰："归矣。"佛言："今子骂我，我今不纳，子自持祸，归子身矣。犹响⑤应声，影之随形，终无免难，慎勿为恶。"

【注释】

① 守道：守护佛法，修道。
② 对：回答，理睬。
③ 纳：接受。
④ 子：你。
⑤ 响：回声。

【白话】

释迦牟尼佛说：有人听说我在信守佛道，修持奉行大仁大慈，就来故意骂佛，佛听到骂声，也不回答。等到那人骂声停止了，佛就问他："如果你用礼貌仁义对待别人，别人不接受，那么，这个礼貌仁义是否还是回到自己身上来？"骂人的人回答说："是的，是回到我自己身上来了。"佛又说："现在你骂我，我不接受、不理睬，那么你自己就招祸了，恶业就回到你自己身上了。这就像发出声音就会有回声，影子是紧随着物体一样，永远也不会分离的，你骂我招祸造成恶业是永远也不会免除的。所以，要言行谨慎，不要做恶事。"

第八章 尘唾自污

【经文】

佛言：恶人害贤者，犹仰天而唾，唾不至天，还从己堕。逆风扬尘，尘不至彼，还坌①己身。贤不可毁，祸必灭己。

【注释】

① 坌（bèn 奔）：灰尘细末撒在物体之上。

【白话】

释迦牟尼佛说：无德的恶人要加害有道德的贤人，就好像面朝天唾口水一样，口水并不能唾到天上去，还会落到自己脸上；迎着风扬灰尘，灰尘并不能扬到别处去，还会反转来撒落自己的身上。贤人是不可以毁谤的，毁谤陷害贤人，自己必然招祸而遭毁灭。

第九章　返本会道

【经文】

佛言：博闻爱道①，道必难会②；守志奉道，其道甚大。

【注释】

① 博闻爱道：广博地听闻阅读到许多佛理经文，从而热爱佛法。指只是听闻而不实际奉行。
② 难会：难以遇到，指并不能真正得道。

【白话】

释迦牟尼佛说：只是广博地闻听佛法，产生爱佛法之心，这并不能真正修得佛道；只有一心一意奉行佛法，你自然就会得修佛道的极大成就。

第十章　喜施获福

【经文】

佛言：睹人施道①，助之欢喜，得福甚大，沙门问曰："此福尽否？"佛言：譬如一炬之火，数千百人，各以炬来分取，熟食除冥②，此炬如故。福亦如之。

【注释】

① 施道：指布施。佛家布施有三种，一种是财施，就是将身上之物（如眼睛、血、肉等）或身外之物（如钱财、金银珠宝、粮食、器物等）布施给别人；第二种是法施，就是向人讲说佛家劝善戒恶等真理，以真如之法布施给人，使人获得好处；第三种是无畏施，就是人有灾难危险时，你能帮助他度过灾难，消除苦痛。

② 熟食除冥：指火能煮熟食物，照明黑暗之处。

【白话】

释迦牟尼佛说：看见别人在布施，要跟着欢喜、支持，就会得到很大的福报。有个沙门问道："随喜的人都有了很大的福报，那么，布施的人应得到的福报是否会没有了呢？"佛回答说：如像有一支火炬，成百上千人拿上火把来分取火种，也点燃火炬，用这火煮饭照明。但是原来的火还是存在的，并不因他人取火而消失。布施所得的福报也是这样的。

第十一章　施饭转胜

【经文】

佛言：饭①恶人百，不如饭一善人；饭善人千，不如饭一持五戒者②；饭持五戒者万，不如饭一须陀洹③；饭百万须陀洹，不如饭一斯陀含；饭千万斯陀含，不如饭一阿那含；饭一亿阿那含，不如饭一阿罗汉；饭十亿阿罗汉，不如饭一辟支佛④；饭百亿辟支佛，不如饭一三世诸佛⑤；饭千亿三世诸佛，不如饭一无念无住无修无证之者⑥。

【注释】

① 饭：指布施给人饭吃，此处泛指布施一切物。

② 持五戒者：修持五戒的人。五戒：佛教徒必须遵守的五条基本戒律：不杀生、不偷盗、不邪淫、不妄语、不饮酒。

③ 须陀洹：与下文斯陀含、阿那含、阿罗汉，为佛教僧侣修习达到不同的果位者（由低级向高级），均见第一章注。

④ 辟支佛：亦译作"缘觉"、"独觉"、"辟支迦佛陀"，指未经佛指导就独自觉悟却又不对人说法或教化的圣者，他们是在无佛出世时，观一切万物变化无常的境界而自行悟道的。

⑤ 三世诸佛：一般指过去佛燃灯佛、现在佛释迦牟尼佛、未来佛弥勒佛。也有"竖三世佛"（过去佛迦叶诸佛、现在佛释迦牟尼、未来佛弥勒）、"横三世佛"（东方净琉璃世界药师佛、娑婆世界释迦牟尼佛、西方极乐世界阿弥陀佛）之说。

⑥ 无念无住无修无证之者：是达到最高境界的佛。无念：无妄念，即全是正念，真理之念；无住：没有执着自性，一切随缘而起；无修：已修成至高无上的佛道，不须再修；无证：已证得最高果位，无须再证了。

【白话】

释迦牟尼佛说：施舍饭给一百个恶人，不如施饭给一个善人；施饭给一千个善人，不如施饭给一个修持五戒的人；施饭给一万个修持五戒的人，不如施饭给一个修得须陀洹果位的人；施饭给一百万个修得须陀洹果位的人，不如施饭给一个修得斯陀含果位的人；施饭给一千万个修得斯陀含果位的人，不如施饭给一个修得阿那含果位的人；施饭给一亿个修得阿那含果位的人，不如施饭给一个修得阿罗汉果位的人；施饭给十亿个修得阿罗汉果位的人，不如施饭给一个辟支佛；施饭给一百亿个辟支佛，不如施饭给一个三世佛；施饭给一千亿个三世佛，不如施饭给一个达到无念无住无修无证佛教最高境界的圣者。

第十二章　举难劝修

【经文】

佛言：人有二十难：贫穷布施难，豪富学道难，弃命必死①难，得睹佛经难，生值佛世难，忍色忍欲难，见好不求②难，被辱不嗔难，有势不临③难，触事无心④难，广学博究难，除灭我慢⑤难，不轻未学⑥难，心行平等难，不说是非难，会善知识⑦难，见性学道难，随化度人难，睹境不动⑧难，善解方便⑨难。

【注释】

①弃命必死：自杀并不难，难在下决心结束生命，所以说弃命必死难。

②见好不求：看见好的东西不贪求。

③有势不临：有权势而不仗势欺人。

④触事无心：遇到事情能平心静气地随意处理，不把事情放在心上。

⑤我慢：骄傲、自满、自负。

⑥不轻未学：不轻视因尚未学习或初学而尚不懂有关知识的人。

⑦善知识：具有丰富的真正知识的人。

⑧睹境不动：遇到任何境界、环境，都不改变自己的本性。

⑨善解方便：理解、掌握各种方法、办法。

【白话】

　　释迦牟尼佛说：人有二十种难以做到的事：贫穷的人要想布施是很难的，自己尊贵而富有的人要想学佛修道是很难的，要下决心结束生命是很难的，要想看到佛经是很难的，想生在佛在世的世界里是很难的，要想忍得色和贪欲的诱惑是很难的，遇到好的东西不贪求是很难的，受到侮辱而不愤怒怨恨是很难的，有权势而不仗势欺人是很难的，遇到事情能泰然处之是很难的，要广泛地学习深刻地研究事理是很难的，要破除高傲自负是很难的，要不轻视尚未学得佛法的人是很难的，要想具有平等慈悲之心是很难的，要能不说是非是很难的，要想遇到有真才实学的有知识的人是很难的，学佛的人要想明白真正的佛理、明心见性是很难的，随缘分来教化众生是很难的，遇到任何环境、处境都能安然处之是很难的，要想明白世间各种行为方法的实质是很难的。

第十三章　问道宿命

【经文】

沙门问佛:"以何因缘①,得知宿命②,会其至道③?"佛言:"净心守志,可会至道。譬如磨镜,垢去明存。断欲无求,当得宿命。"

【注释】

① 因缘:佛教术语,为"四缘"之一,指会产生某种结果的直接原因(因)与间接原因(缘)。佛教认为世间任何东西、任何事物,都由因缘而生。
② 宿命:前世的生命。
③ 会其至道:会,明白;至道,真正的道理。

【白话】

有位沙门向佛问道:"用什么因缘,怎样修行,就能得知前世的生命是什么样子,以及能弄明白真正的佛法佛理呢?"释迦牟尼佛说:"清净你的心性,坚定你的志向,一心学佛,便可明白真正的佛理。譬如擦镜子一样,把镜子上的污垢擦去了,光明就显现出来了;你把欲念断除了,没有什么贪求了,便能知道自己前世的生命了。"

第十四章　请问善大

【经文】

沙门问佛:"何者为善? 何者最大?"佛言:"行道守真①者善,志与道合者大。"

【注释】

① 行道守真:修行真正的佛法,不要修旁门外道,要奉行佛家真理。

【白话】

一个沙门向佛问道:"什么是善事呢? 什么事情是最大的善事呢?"释迦牟尼佛回答说:"奉行真正的佛法,按佛法去做事就是善事,你的志愿与你所修的道相一致就是最大的善事。"

第十五章 请问力明

【经文】

沙门问佛："何者多力？何者最明①？"佛言："忍辱多力，不怀恶故，兼加安健，忍者无恶，必为人尊。心垢灭尽，净无瑕秽，是为最明。未有天地②，逮于今日，十方③所有，无有不见，无有不知，无有不闻，得一切智，可谓明矣。"

【注释】

① 明：佛教术语，意为真理、学术、智慧。
② 未有天地：在天地还没出现的时代。
③ 十方：本指东、南、西、北、东南、西南、东北、西北、上、下十方。此处指各处。

【白话】

有一位沙门问佛："什么力量最多最大？什么是最光明最有智慧的呢？"释迦牟尼佛回答说："如果能够忍受耻辱，那力量就是最大的。因为能够忍受耻辱的人，他不怀恶心，而且又能使自己平安无祸，身体健康。能忍耐的人，一定不会去作恶的，必然受到人们的尊敬。他心里那些不洁净的杂念消除尽了，心地清净得一点儿瑕疵和污染斑点都没有，所以说这才是最光明、最有智慧的。从很久很久还没有天地以前直到今日，古往今来各个时期，东南西北各个角落，具有最明智慧的人是无所不见、无所不知、无所不闻的。他具有一切智慧，这才真正叫智慧！"

第十六章　舍爱得道

【经文】

佛言：人怀爱欲①，不见道②者。譬如澄水，致手搅之，众人共临，无有睹其影者。人以爱欲交错，心中浊兴，故不见道。汝等沙门，当舍爱欲，爱欲垢尽，道可见矣。

【注释】

① 爱欲：指贪欲，执着地想用一切手段达到目的、满足欲望。
② 不见道：不能证得初果道位，不能进入佛门。

【白话】

释迦牟尼佛说：人如果心怀贪求的欲望，就不能得到佛家真理，不能进得佛门。这就像一池本来很澄亮透净的水，你用手去搅浑它。众人都来到这池水前，没有一个人能看到自己在水中的影子。人就因为对色财的爱欲交替缠绕着，利令智昏，把心中水搅浑浊了，所以就不明白道理，无法证得佛法果位。你们这些沙门，应当舍弃爱欲，爱欲如尘垢一样洗除干净后，就能明心见性，见道证果了。

第十七章　明来暗谢

【经文】

佛言：夫见道者，譬如持炬，入冥室中，其冥自灭，而明独存。学道见谛①，无明②即灭，而明常存矣。

【注释】

① 谛：真正的佛理、真理。
② 无明：黑暗，此处譬不明事理的愚痴。

【白话】

释迦牟尼佛说：修持得佛道的人，就好像人手持火把，进入黑暗的房间中，那黑暗就自然没有了，而只有光明存在着。你修习佛道就能得到佛法真谛，你心中的愚痴黑暗就立即消灭了，而聪明智慧就永远存在你心里了。

第十八章　念等本空

【经文】

佛言：吾法念①无念念，行②无行行，言无言言，修③无修修。会者④近尔，迷者远乎。言语道断⑤，非物所拘。差之毫厘，失之须臾。

【注释】

① 念：佛教术语，指记忆、意念。
② 行：指修行。
③ 修：修行。
④ 会者：明白这个道理的人。
⑤ 言语道断：用语言说不出来。

【白话】

释迦牟尼佛说：我的这个佛法就是，在意念方面，就是没有意念，连没有意念这个念都没有了；在修行方面，不要执着修行，就和没有修行一样；在语言方面，也不要执着，不要说执著的言语；在修证方面，也不要刻意修证，和不修证一样。你明白了这个道理，就说明你与佛道相近了；你不明这个道理，就意味着你与佛道还远着哩！这其中的道理，是用语言也难以说出来的。语言没有了，不为一切物体所拘束，这就是我的佛法。修行这个佛法要是差一毫一厘，就会很快地失去佛道。

第十九章　假真并观

【经文】

佛言：观天地，念非常①；观世界②，念非常；观灵觉③，即菩提④。如是知识⑤，得道疾矣。

【注释】

①非常：佛教术语，指不固定，变化。
②世界：佛教指世界上的万事万物。世，指古往今来的时间；界，指上下左右各方。
③灵觉：自己的心性。
④菩提：指断绝世俗烦恼而获得解脱的智慧。
⑤知识：认识、明了事理。

【白话】

释迦牟尼佛说：观察天地，要看到它是变化着的；观察世界万物，要看到它们都是变化着的；观察自己的心性，从而获得断除烦恼的智慧。这样来认识探究万事万物，明白这个无常变化的道理，你就能很快地得道了。

第二十章　推我本空

【经文】

佛言：当念身中四大①，各自有名，都无我者②。我既都无，其如幻耳。

【注释】

① 身中四大：佛教中以地、水、火、风为四大，这是构成色法（物质现象）的基本要素，其基本属性是地坚、水湿、火热、风动，而天灾人祸，在于四大的不调和。世界万物均由四大组成，而人体也是由四大和合而成，身体中坚硬的骨头属地大，湿润的血液、唾涕属于水大，温暖的肉体属火大，出入呼吸的属风大。

② 都无我者：身体上四大的各部分，都有各自的名字，如头、口、鼻、眼、手、腿、肠等，都各自有名，没有一处叫做"我"。

【白话】

释迦牟尼佛说：应当想到，身体中属于四大部类的各部件，都各自有自己的名字，没有叫做"我"的地方。"我"既然都不存在了，"我"还不是虚幻不实的吗！

第二十一章　名声丧本

【经文】

佛言：人随情欲，求于声名。声名显著，身已故矣。贪世常名，而不学道，枉功劳形①。譬如烧香，虽人闻香，香之烬矣。危身之火②，而在其后。

【注释】

① 枉功劳形：枉费功夫而劳苦了身体。
② 危身之火：大火可能危及自己身体。

【白话】

释迦牟尼佛说：人随着自己的情和欲去追求虚妄的声名，但是当声名显赫的时候，自己的身体也就快要死了。贪图在世上留下自己的名声，而不去修习佛法，则是枉费功夫，徒劳身心而无益于自己。这就像烧香一样，虽然人可以闻到香气，而这香自身却已烧完了；或许香火燃烧太大，引起火灾会危及自己生命，这危险在后边跟着就要发生了。

第二十二章 财色招苦

【经文】

佛言：财色于人，人之不舍。譬如刀刃有蜜，不足一餐之美，小儿舐之，则有割舌之患。

【白话】

释迦牟尼佛说：财和色这两样，对于人来说，是人人都舍不得丢开的东西。这就像锋利的刀刃上粘有一点点蜜糖，蜜糖很少，不够美餐一顿。小孩子看见用舌头去舐吃蜜糖，那么就有割断舌头的危险。

第二十三章 妻子甚狱

【经文】

佛言：人系于妻、子、舍宅，甚于牢狱。牢狱有散释之期，妻子无远离之念。情爱于色，岂惮驱驰①？虽有虎口之患，心存甘伏，投泥自溺②，故曰凡夫。透得此门，出尘③罗汉。

【注释】

① 岂惮驱驰：难道不怕被色所驱驰支配吗？
② 投泥自溺：把自己投到烂泥里淹死。
③ 出尘：脱离凡尘。

【白话】

释迦牟尼佛说：人都被妻子、儿女、家庭房舍捆绑住了，甚至比牢狱捆绑还厉害。牢狱还有刑满释放的时候，而妻子、儿女却永远没有远离的可能。对于这亲情、爱欲和色，难道人不怕被它们驱驰支配而不能自拔吗？虽然这就好像在虎口上一样，但心里宁可被老虎吃了，也心甘情愿。这简直就等于把自己投进烂泥潭中淹死，所以这就叫凡夫俗子。如果能从情欲、爱欲、色欲这道门中钻过去，那就能超凡脱尘，修成罗汉果位。

第二十四章　色欲障道

【经文】

佛言：爱欲莫甚于色，色之为欲，其大无外①，赖②有一矣，若使二同③，普天之人，无能为道者矣。

【注释】

① 其大无外：没有比这更大的了。
② 赖：幸亏。
③ 二同：同样的两样东西。

【白话】

释迦牟尼佛说：情爱和色欲，最厉害的莫过于女色。色这种欲望，没有比它更大更厉害的了，幸亏只有色欲这一种最厉害的东西。如果再有同色欲一样厉害的东西，两面夹攻，那么，普天下的人，就没有能够修成佛道的了。

第二十五章　欲火烧身

【经文】

佛言：爱欲之人，犹如执炬，逆风而行，必有烧手之患。

【白话】

释迦牟尼佛说：贪恋爱欲女色的人，就好像手里拿着火把，逆风而行，一定会有火把烧手的危险。

第二十六章　天魔娆佛

【经文】

天神献玉女于佛①，欲坏佛意。佛言："革囊众秽②，尔来何为？去！吾不用。"天神愈敬，因问道意，佛为解说，即得须陀洹果。

【注释】

① 天神献玉女于佛：天神，又称天魔，即魔王波旬。《增一阿含经》卷三九、《因果经》卷三、《佛所行经》卷三等载有魔王三次娆佛的传说故事。玄奘《大唐西域记》载："菩萨将证佛果，魔王劝受轮王，策说不行，殷忧而返。魔王之女请往诱焉。菩萨威神，衰变冶容，扶羸策杖，相携而退。"是说释迦牟尼将要成佛时，魔王波旬想劝释迦当人间的转轮王，他反复劝说释迦，释迦都没有答应，一心要成佛，波旬无奈，只得忧心忡忡地回去了。天魔波旬的女儿看到父亲这副样子，便请求父亲同意，让她去引诱释迦，使他从而动摇成佛之心，回世间当转轮王。释迦用他的威神之力，使天魔之女变得衰弱丑陋，拄着拐杖，拖着羸弱的病体，由人搀扶着回去了。

② 革囊众秽：身体这个皮革做的口袋，里面装着许多污秽的屎尿等物。

【白话】

天神给释迦佛献来了一位美女，想借此来动摇释迦的成佛决心。佛对天神、美女说："这些都是皮囊装着的污秽之物，你们来干什么？走，走开，我不需用你们。"天神见释迦对于美女都无动于心，便更加崇敬释迦佛，就问佛如何修道，佛就给他讲说佛法，于是，这位天神（天魔波旬）即刻之间就证得须陀洹果位了。

第二十七章　无著得道

【经文】

佛言：夫为道者①，犹木在水，寻流②而行，不触两岸，不为人取，不为鬼神所遮，不为回流③所住，亦不腐败。吾保此木，决定入海。学道之人，不为情欲所惑，不为众邪所娆④，精进无为⑤，吾保此人，必得道矣。

【注释】

① 为道者：修道者。
② 寻流：顺着水流。
③ 回流：水中旋涡。
④ 娆：即挠，打扰。
⑤ 精进无为：勤奋地修习无为法（佛法）。

【白话】

释迦牟尼佛说：修道的人，就好像木头放在水中，只要顺着水流向前漂行，不被河两岸的土石所阻碍，不会被别人取走，也没有鬼神的阻挡，更不会被水中的旋涡冲回来，也不腐烂，我敢保证这根木头，一定会漂到大海中去。修习佛道的人，只要不被情欲迷惑，不被各种邪见扰乱，只要勤奋地修习佛理佛法，我保证这个人一定能得道成佛。

第二十八章 意马莫纵

【经文】

佛言：慎勿信汝意，汝意不可信；慎勿与色会①，色会即祸生。得阿罗汉②已，乃可信汝意。

【注释】

① 会：遇到，相合。
② 得阿罗汉：修成了阿罗汉果位。

【白话】

释迦牟尼佛说：千万谨慎不要相信你的意念，你的意念是不可信、不可靠的；千万谨慎不要堕入色情之中，堕入色情之中必然立即招来祸殃。如果你证得了阿罗汉果位，那才可以相信自己的意念。

第二十九章　正观敌色

【经文】

佛言：慎勿视女色，亦莫共言语。若与语者，正心思念：我为沙门，处于浊世①，当如莲华，不为泥污。想其老者如母，长者如姊，少者如妹，稚者如子，生度脱②心，息灭恶念。

【注释】

① 浊世：佛教又称五浊恶世，指出现五种灾异祸恶的末世。一为"劫浊"，即出现天灾劫难；二为"见浊"，即邪恶想见、邪恶思想开始泛滥；三为"烦恼浊"，即各种恶德泛滥，令人烦恼；四为"众生浊"，即各种众生素质下降，身心、言行，日趋沦落；五为"命浊"，即人的寿命缩短。按佛家说法，人的寿命由八万岁缩至二万岁时，世上开始出现五浊，浊世就出现了。

② 度脱：引导其脱离苦难，获得安乐。

【白话】

释迦牟尼佛说：千万要谨慎，不要接近女色，也不要同女人一起说话。如果要与女人说话，也要心地纯正，不存邪心。要想到：我是出家的沙门，处在这浊世之中，应当像莲花那样，出于污泥而不被污泥染脏。见到老年妇女，想到她就同自己的母亲一样；见到比自己年长的妇女，就想她像自己的姐姐一样；见到比自己年轻的妇女,就想她同自己的妹妹一样;见到小女孩,就想她同自己的孩子一样。要有一种引度她们脱离苦海的善心,这样自己对女色不应有的邪淫恶念自然就消除了。

第三十章　欲火远离

【经文】

佛言：夫为道者，如被干草，火来须避。道人见欲，必当远之。

【白话】

释迦牟尼佛说：修习佛道的人，就好像干草一样，火来了，就必须远远避开，否则必然遭到大火焚烧。因此，修习佛道的人见了各种物欲色欲，都应当远远地避开它。

第三十一章　心寂欲除

【经文】

佛言：有人患淫不止，欲自断阴①。佛谓之曰："若断其阴，不如断心，心如功曹②，功曹若止，从者都息。邪心不止，断阴何益？"佛为说偈：欲生于汝意，意以思想生。二心③各寂静，非色亦非行④。佛言：此偈是迦叶佛⑤说。

【注释】

① 阴：男性生殖器官。
② 功曹：本为汉代州郡的佐官，此处借指为首之官。
③ 二心：指思想、色欲心。
④ 非色亦非行：没有色欲之心，也就没有色欲的行为。
⑤ 迦叶佛：为过去七佛中的第六佛，又译作饮光。迦叶佛在贤劫出世，举行过一次说法集会，传说他是释迦牟尼的前世之师，曾预言释迦牟尼必定成佛。

【白话】

释迦牟尼佛说：有人有淫欲的毛病，一直无法除掉。他想要将自己的男根割掉。佛对他说：如果你想割断自己的男根，不如把自己的淫欲之心割断。心就好像当官的一样，当官的如果停止了，他的随从们也都就停下来了。你的邪淫之心如果没有停止，那么你割断男根又有什么益处呢？佛就对他说了一首偈语："淫欲生于你意念，意念全在思想间。淫心不起思想静，色欲顿失行端正。"释迦佛说：这首偈是过去迦叶佛所说的。

第三十二章　我空怖灭

【经文】

佛言：人从爱欲生忧，从忧生怖。若离于爱，何忧何怖？

【白话】

释迦牟尼佛说：人因为有爱欲，便从此生出许多忧愁烦恼，从忧愁烦恼又生出许多恐惧害怕之心。如果断除了爱欲，那还有什么值得忧愁恐怖的呢？

第三十三章　智明破魔

【经文】

佛言：夫为道者，譬如一人与万人战，挂铠出门，意或怯弱，或半路而退，或格斗而死，或得胜而还。沙门学道，应当坚持其心，精进勇锐，不畏前境，破灭众魔①，而得道果。

【注释】

① 众魔：佛教称破坏佛法或对修持不利的种种业障为众魔，此章中意志怯弱、不坚定等为魔，万人敌军亦为魔。

【白话】

释迦牟尼佛说：修习佛道的人，就好像一个人与一万个敌人作战，你披挂上铠甲，出门迎战，或者意志胆怯畏敌如虎，或者半路退回，或者与敌人战斗而死，或者打败敌人，得胜而回。沙门修习佛道，就应当有坚定的信心，勤奋勇敢，一往直前，不要害怕前进道路上的种种敌人，定要消灭一切障碍修道的业障恶魔，从而修得佛道正果。

第三十四章　处中得道

【经文】

沙门夜诵迦叶佛遗教经①，其声悲紧②，思悔欲退。佛问之曰："汝昔在家，曾为何业？"对曰："爱弹琴。"佛言："弦缓如何？"对曰："不鸣矣。""弦急如何？"对曰："声绝矣。""急缓得中如何？"对曰："诸音普矣。"佛言："沙门学道亦然，心若调适，道可得矣。于道若暴③，暴即身疲。其身若疲，意即生恼。意若生恼，行即退矣。其行既退，罪必加矣。但清净安乐，道不失矣。"

【注释】

①佛遗教经：佛教经典名，全称《佛垂般涅槃略说教诫经》、《佛临般涅槃略说教戒经》、《佛临般涅槃经》一卷，讲述释迦临逝时对弟子所做的关于持戒、四谛等教理及修行等教诫，传为大弟子迦叶所记述，后秦僧人鸠摩罗什译。

②悲紧：悲恸，紧张，急切。

③暴：暴躁，着急。

【白话】

有一位沙门夜间诵读迦叶的《佛遗教经》，他的声音很悲恸、紧张，自己很惭愧，想停下来。释迦牟尼佛问道："你以前在家时，曾经做什么事情？"沙门回答说："爱弹琴。"佛便对他说：

"弹琴时，琴弦如果松缓了，会怎么样呢？"沙门回答说："那就弹不响了。"佛又问："如果琴弦太紧了，又会怎么样呢？"沙门回答说："那琴弦就会断了，声音就断绝了。"佛问："琴弦松紧适中，不紧不松，怎么样？"沙门回答说："那么，琴的各种音调都有了，就会很和谐悦耳。"释迦佛说："沙门修习佛道也是这样的，你的心境如果能调整合适，不紧不慢，不急不慌不懒惰，那么就可以修成佛道了。在修道时，如果急躁暴烈，身体就会疲倦；身体如果疲倦了，意念就会生出种种烦恼来；意念如果生出烦恼，在行动上就会退步，不修行了；你的行动如果退而还俗，那么你的罪业就必然会加重。只要你清净自己的心境，心安意乐，佛道就不会失去，就必然会成道。"

第三十五章　垢净明存

【经文】

佛言：如人锻铁，去滓成器，器即精好。学道之人，去心垢染①，行即清净矣。

【注释】

①垢染：被世俗的尘垢所污染，佛家指贪欲、淫欲、烦恼、嗔恨等心境。

【白话】

释迦牟尼佛说：好像人炼铁一样，只有把铁的渣滓去掉了，制成器物，那么这样的器物才会精美结实。修习佛道的人，只有去掉心中的贪欲杂念，你的道行自然清净了。

第三十六章 辗转获胜

【经文】

佛言：人离恶道①，得为人难②。既得为人，去女即男难。既得为男，六根③完具难。六根既具，生中国④难。既生中国，值佛世难。既值佛世，遇道者难。既得遇道，兴信心⑤难。既兴信心，发菩提心⑥难。既发菩提心，无修无证⑦难。

【注释】

①恶道：佛教"六道"之三道，众生因其所做善恶之大小，在六道中生死轮回，其罪业深重者，就会堕入三恶道中受极大痛苦。三恶道即地狱、饿鬼、畜生。

②得为人难：由地狱等三恶道转生为人是极不容易的。佛教故事：释迦佛在世时，一次，用手抓了一把土，问他的弟子说："我手中的土多，还是大地上的土多？"弟子答道："大地上的土多，你手中的土少。"佛说："堕入地狱、饿鬼、畜生这三恶道中的人，就像大地上的土一样多，而由这三恶道中再往生为人的，就像我手中的土一样少。"可见，既堕入恶道，要转生为人是很不容易的。

③六根：指人的六种感觉意识器官：眼、耳、鼻、舌、身、意。

④中国：中央之国，国之中心。古代认为，国之四周，为边鄙蛮荒贫瘠之地，而中央之地，繁盛富足。

⑤信心：信佛道之心。有了信佛之心，就能诚心修行，成就佛果。

⑥菩提心：即佛心，求佛家真理之心。佛法是断绝世间一切烦恼而达到无生无灭极乐世界的涅槃境界之道，达此境界的智慧即称菩提。《维摩诘经》僧肇注："道之极者，称曰菩提。"菩提之心，惟佛具有，亦称"阿耨多罗三藐三菩提"。

⑦无修无证：指已经达到最高的佛位，无须再修行，也无须证佛果，即达到上无佛道可求，下无众生可度的境界。

【白话】

释迦牟尼佛说：人要从地狱、饿鬼、畜生这三恶道中解脱出来，超生为人是很难的；虽然超生为人，自己要想成为一个男人，完全由不了自己，是很难的；虽然已经超生为一个男人，要想自己眼、耳、鼻、舌、身、意这六根完备、一切健全完好，由不了自己，是很难的；虽然六根完备了，要想自己往生到中央大国，由不了自己，是很难的；虽然生到了中央大国，要想正好生到佛在世的时代，由不了自己，是很难的；虽生在佛在世的时代，要想遇到真正修得佛道的高僧大德却是很难的；虽然遇到了得道的高僧，自己产生信仰佛法的决心却是很难的；虽然自己产生了信仰佛法之心，但要真正悟道、具备佛家无上智慧之心却是很难的；虽然修得了佛法智慧之心，但要达到最高佛位的无修无证境界却很难。

第三十七章　念戒近道

【经文】

佛言：佛子①离吾数千里，忆念吾戒②，必得道果③；在吾左右，虽常见吾，不顺吾戒，终不得道。

【注释】

①佛子：佛的弟子，指佛教僧侣。

②戒：佛教术语，指断绝身体、言语、意志的罪恶，抑制一切不良行为，即不该做、不该说、不该想的行为。佛教戒律甚多，均属止恶行善的行为规范。常说戒分在家戒（在家佛徒居士戒）、出家戒（出家的僧尼戒），在家戒有五戒、八斋戒；出家戒有十戒（沙弥戒、沙弥女戒，即尚未成为正式佛弟子的初学佛者）、六法戒（正学女戒，即正在学佛的女戒）、二百五十戒（僧人戒）、三百四十八戒（女尼戒）等。

③道果：学佛修持最后所得到的佛家果位。

【白话】

释迦牟尼佛说：佛家弟子虽然远在数千里之外，但如果能一直记着我的戒律，切实奉行，那么他一定能修成佛家正果；在我身边左右的弟子，虽然他们经常见到我，但是如果他们不按照我的戒律办事，那么他们最终也是无法修得佛家正果的。

第三十八章　生即有灭

【经文】

佛问沙门："人命在几间？"对曰："数日间。"佛言："子未知道①。"复问一沙门："人命在几间？"对曰："饭食间。"佛言："子未知道。"复问一沙门："人命在几间？"对曰："呼吸间。"佛言："善哉，子知道矣。"

【注释】

① 知道：明白佛家的道理。

【白话】

释迦牟尼佛问一位沙门："人的寿命有多长呢？"这位沙门回答："人命只有数日时间。"佛说："你还不明白佛家的道理。"佛又问另一位沙门："人的寿命有多长？"这位沙门回答说："有吃一顿饭那么长的时间。"佛说："你不明白佛家的道理。"佛又问第三个沙门："人的寿命有多长？"这位沙门回答说："人的寿命只有一呼一吸这么短的时间。"佛说："好啊，你明白佛家的道理了。"

第三十九章　教诲无差

【经文】

佛言：学佛道者，佛所言说①，皆应信顺。譬如食蜜，中边皆甜。吾经亦尔②。

【注释】

① 佛所言说：指佛教的一切经典、说教，不分大乘、小乘及其他各种各样的派类。

② 尔：这样。

【白话】

释迦牟尼佛说：修习佛道的人，对于佛教所有的经典言教，都应当相信奉行。就好像人吃蜂蜜一样，不论是中间的蜜糖，还是外边的蜜糖，都是一样甜的。我的各种经典也是这样的。

第四十章　行道在心

【经文】

佛言：沙门行道，无如磨牛①。身虽行道，心道不行。心道若行，何用行道？

【注释】

①磨牛：推磨的牛，在磨房里转圈子，走不出磨房。譬喻修道的人如果心不真诚向佛，即使每天辛辛苦苦修行，永远也修不成佛果。

【白话】

释迦牟尼佛说：沙门修行佛道，不要像推磨的牛那样，只在行动上转圈子，而不用心。身体行动上虽然在修道，拜佛念经，持斋执咒，但内心并不注重修行。如果能真心修道，按佛法奉行，行为上不用修持也是可以的。

第四十一章　直心出欲

【经文】

佛言：夫为道者，如牛负重，行深泥中，疲极，不敢左右顾视。出离淤泥，乃可苏息。沙门当观情欲，甚于淤泥。直心①念道，可免苦矣。

【注释】

① 直心：一心一意。

【白话】

释迦牟尼佛说：修习佛道的人，就好像一头牛背驮着很重的东西，在很深的泥里艰难地行走，疲倦到了极点，不敢向左右看一眼。只有走出淤泥道路之后，才能稍为休息一会儿。沙门应当看到，色情物欲比淤泥还要厉害。只有一心一意思念佛道，按佛法奉行，才可以免除人生之苦。

第四十二章　达世如幻

【经文】

佛言：吾视王侯之位，如过隙尘①；视金玉之宝，如瓦砾；视纨素之服②，如敝帛；视大千界③，如一诃子④；视阿耨池⑤水，如涂足油；视方便门⑥，如化宝聚；视无上乘⑦，如梦金帛；视佛道，如眼前华；视禅定⑧，如须弥柱⑨；视涅槃⑩，如昼夕寤；视倒正⑪，如六龙舞；视平等⑫，如一真地⑬；视兴化⑭，如四时木。

【白话】

释迦牟尼佛说：我看那国王和诸侯大臣们的官位，就如同飞过墙缝的灰尘一般微不足道，而且转瞬即逝；我看金银玉石宝物，就如同瓦片砖块一样；我看高贵华丽的丝绸衣服，就如同破布一样；我看三千大千世界，就如同一颗诃子一般大小；我看浩瀚阿耨达池水，就好像涂足的油一样少；我看佛教的各种修行方法，就好像变化着的许多金银珠宝聚在了一起；我看无上乘的佛法，就好像在梦里看见的金帛一样虚妄不实；我眼中的佛道，就好像空中的花一样，并非一成不变，人皆成佛，佛道自然就不存在了；我看佛众的禅定，就好像须弥山柱一样，出于海而毫不动摇；我眼中的涅槃，就像白天或晚上仍然醒着一样；我看世间一切事物的颠倒与槃正立，就像六条龙在乱舞一样，随时在变化无定；我眼中的平等之法，就像一块真实存在的大地；我看弘扬佛法，就好像春生、夏长、秋衰、冬枯的花木一样，生生灭灭，时兴时衰，随缘而定。

【注释】

① 过隙尘：灰尘飞过隙缝，极言微小而短暂，喻国王和公侯的官位，就像过隙之尘一般微不足道，转瞬即逝。

② 纨素之服：用华美的丝绸制成的衣服。

③ 大千界：也译作"大千世界"、"三千大千世界"，以须弥山为中心，以铁围为外围，同一日月所照的四天下为一小世界，一千小世界为一小千世界，一千小千世界为一中千世界，一千中千世界为一大千世界，合称"三千大千世界"，泛指全宇宙，极言世界之广阔。

④ 诃子：一种常绿乔木，叶子卵形或椭圆形，果实像橄榄，可以入药，有止泻、止咳作用，产于印度、缅甸、马来亚及我国云南、广东等地。

⑤ 阿耨池：梵文 Anavatapta 音译，亦译作阿那婆答多池、阿耨达达池、无热恼池。《慧林音义》卷一载："此池在五印度北，大雪山北，香山南，二山中间，有此龙池。"佛教传说，该池是伽、信度、缚刍、徙多四河之源。唐玄奘《大唐西域记》卷一载："赡部洲之中地者，阿那婆达多池也（唐言无热恼，旧曰阿耨达池，讹也），在香山之南，大雪山之北，周八百里矣。金、银、琉璃、颇胝饰其岸焉。金沙弥漫，清波皎镜。八地菩萨以愿力故，化为龙王，于中潜宅，出清冷水，给赡部洲。是以池东面银牛口，流出伽河（旧曰恒河，又曰恒伽，讹也），绕池一匝，入东南海；池南面金象口，流出信度河（旧曰辛头河，讹也），绕池一匝，入西南海；池西面琉璃马口，流出缚刍河（旧曰博叉河，讹也），绕池一匝，入西北海；池北面颇胝师子口，流出徙多河（旧曰私河，讹也），绕池一匝，入东北海。或曰潜流地下出积石山，即徙多河之流，为中国之

河源云。"

⑥方便门：达到佛家境界的各种方法。

⑦无上乘：最为完备的大乘佛教法门。

⑧禅定：专一静虑，达到觉悟的佛境。

⑨须弥柱：佛教传说南赡部洲有大山称须弥山，在海中，"入水八万由旬（一由旬约相当20公里），出水八万由旬"，形同天之一柱，故言须弥柱。

⑩涅槃：佛教修习所期望达到的不生不灭境界，一般把佛逝世称为涅槃，即佛进入了不生不灭，超脱生死轮回的境界。

⑪倒正：看世间一切颠倒的正立的事物。

⑫平等：无差别境地。佛教认为众生一律平等。一切世俗皆空，并无差别。

⑬真地：佛教认为，只有毫无差别的平等法门才是真实之地。

⑭兴化：弘扬佛法。